■ 浙江省自然科学基金项目
　"基于信号博弈的企业家社交媒体披露与投资者信息搜集行为研究"（项目编号：LQ22G020001）
■ 教育部人文社会科学研究青年基金项目
　"新媒体时代下企业家社交媒体呈现的选择机制与经济影响研究"（项目编号：21YJC630121）
■ 浙江省高校重大人文社科攻关计划项目
　"基于模式识别技术的高管社交媒体'发声'与资本市场定价效率研究"（项目编号：2023QN113）
■ 浙江万里学院学术著作出版资助项目

非正式信息传递机制与企业价值
—— 基于企业家微博的实证证据

Informal information transfer mechanism and firm value
—— Empirical evidence based on entrepreneurs' microblogs

孙彤 著

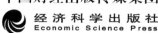

中国财经出版传媒集团

经济科学出版社
Economic Science Press

图书在版编目（CIP）数据

非正式信息传递机制与企业价值：基于企业家微博
的实证证据／孙彤著 . -- 北京：经济科学出版社，
2023.4

ISBN 978 - 7 - 5218 - 4671 - 3

Ⅰ . ①非… Ⅱ . ①孙… Ⅲ . ①企业管理 - 信息管理 -
研究 Ⅳ . ①F272.7

中国国家版本馆 CIP 数据核字（2023）第 065135 号

责任编辑：杜 鹏 胡真子
责任校对：王肖楠
责任印制：邱 天

非正式信息传递机制与企业价值
——基于企业家微博的实证证据
孙彤 著
经济科学出版社出版、发行 新华书店经销
社址：北京市海淀区阜成路甲 28 号 邮编：100142
编辑部电话：010 - 88191441 发行部电话：010 - 88191522
网址：www. esp. com. cn
电子邮箱：esp_bj@ 163. com
天猫网店：经济科学出版社旗舰店
网址：http：//jjkxcbs. tmall. com
固安华明印业有限公司印装
710 × 1000 16 开 10.75 印张 200000 字
2023 年 4 月第 1 版 2023 年 4 月第 1 次印刷
ISBN 978 - 7 - 5218 - 4671 - 3 定价：59.00 元
（图书出现印装问题，本社负责调换。电话：010 - 88191545）
（版权所有 侵权必究 打击盗版 举报热线：010 - 88191661
QQ：2242791300 营销中心电话：010 - 88191537
电子邮箱：dbts@esp. com. cn）

前　　言

　　"充分发挥市场在资源配置中的决定性作用"是"推动经济高质量发展"的关键（王运陈等，2020）。面对百年未有之大变局，我国"十四五"规划明确指出要"完善资本市场基础制度，健全多层次资本市场体系"。伴随着新三板、科创板、注册制等一系列改革创新，如何提高资本市场定价效率，更有效发挥市场在资源配置中的决定性性作用，成为当前值得关注的一个重要议题（方红星和楚有为，2019；李善民等，2020）。而信息是资本市场中交易和定价的最基本因素。降低信息不对称是提高资本市场定价的主要途径。

　　随着信息技术的不断发展，信息媒介呈现出多样化的态势。从传统的报刊书籍、电视电话到互联网、搜索引擎，再到移动设备、自媒体等，这些都成为有效的信息媒介（Fang & Peress，2009；Dougal et al.，2012；游家兴和吴静，2012）。21世纪移动互联的快速发展使得自媒体一跃成为当今社会最便捷、成本最低、影响力最大的传播方式，它深刻地改变了信息产生的数量、类型及其传播方式（Miller & Skinner，2015）。上市公司与投资者之间的信息传递机制可以分为正式和非正式两种类型。正式机制包括资本市场监管机构指定的信息披露媒介，如交易所网站、证监会指定的网站和报刊等，也包括公司为传递非强制披露信息选择的官方媒体，如接受官方媒体采访等。非正式信息传递机制是指上述信息传递方式之外的信息传递，如自媒体平台中企业家个人微博、抖音账号等。本书对信息传递机制的分类是基于不同信息传递渠道的特点。以往文献大多采用"官方"与"非官方"来界定媒体的性质类别，但随着新媒体媒介的快速发展，诸如"企业官方微博"等称呼随之而来，此"官方"一词并非指政府等行政机关认定的信息渠道，而是由企业组织层面运行的，属于企业行为而非个人行为。因而，为了区别"官方"一词带来的混淆，本书以"正式"与"非正式"区分及界定企业所使用的信息披露机制。

我国《"十四五"数字经济发展规划》指出，要加快培育新业态新模式，完善多元价值传递和贡献分配体系，有序引导多元化社交、短视频、知识分享等平台的发展；同时，要完善多元共治新格局，建立完善政府、平台、公司、行业组织和社会公众多元参与、有效协同的数字经济治理新格局，畅通多元主体诉求表达、权益保障渠道，维护公平有效市场。自媒体的出现有助于降低信息不对称、提高公众参与度，也有助于帮助企业实现新业态新模式，促进企业转型升级。《2021全球数字报告》显示，截至2021年10月，全球社交媒体用户数达45.5亿人，比上年同期增长近10%。《数字化2021：中国》显示，中国目前有多达9.31亿社交媒体用户。我国全职自媒体从业人数已经达到370万人，兼职从业人数已经超过600万人。社交媒体已然成为现今社会沟通交流与信息传递的重要媒介。尤其是随着新冠肺炎疫情的爆发，各国对社交媒体的利用程度进一步加大，社交媒体在信息传递方面的作用也被进一步放大。基于这样一种现实环境与变革背景，社交媒体也成为公司信息披露选择的重要方式。

股价发挥资源配置作用的基本前提是其可以反映公司内在价值或真实价值，这就要求投资者等市场参与者能够尽可能获取关于公司内在价值的信息，并通过市场交易反馈至股价中。反映公司内在价值的信息既包括公司层面的特质性信息，也包括高管个人层面的特质性信息（Schopohl et al.，2020；刘艳霞和祁怀锦，2019；徐尚昆等，2020）。企业家作为企业重要的决策人、掌舵者，其个人的一言一行都会传导到其所在的企业，对企业价值产生深刻的影响（Kor，2006）。随着信息技术的快速发展，我们在日常生活中经常会看到许多企业家开通个人社交媒体账号，频繁地与公众进行互动，如格力电器董事长董明珠等。全球知名公关公司万博宣伟调查显示，全球76%的高管认同并积极运用社交媒体。其中，联想集团更是要求高管必须开通社交媒体账号。可见，企业家社交媒体"发声"已经成为数字化背景下的大势所趋、发展所向。那么，企业家利用社交媒体这一非正式信息传递机制传递了何种信息？这些信息又会对其背后的企业产生怎样的影响？不同于企业层面的信息披露，企业家个人层面的非正式信息传递是一个崭新的视角。

基于以上背景，本书探讨非正式信息传递机制产生的经济后果以及选择动因。具体地，本书选取2010~2017年沪深A股全部上市公司为研究对象，采用企业家微博数据测度非正式信息传递机制，公司特征指标从CSMAR数据库中获取，企业家微博数据通过Python爬虫技术获取，其余部分缺失数据由人工收集整理补充。本书主要围绕以下四个问题展开研究：一是非正式信息传递机制对企业而言是否重要，是否会影响到企业价值；二是非正式信息传递机制到底传递了何种信息，不同信息的影响是否有差异；三是非正式信息传递机制是通过什么路径影响到企业价值；四是什么类型的企业更倾向于进行非正式信息传递。针对这四个问题，本书分别构建了理论模型，并进行实证检验。得到的主要结论如下。

第一，经过实证检验发现，非正式信息传递机制有利于提升企业价值。本书在控制企业特征变量和企业家特征变量的基础上，发现企业家微博发布有利于提升企业价值，且不仅表现在经营性现金流的提升上，也表现在可以降低企业系统性风险。企业价值是未来现金净流量的折现。因而，本书不仅关注对未来现金流的影响，同时也关注对企业承担风险的影响。此外，为了阐明企业家微博确实承担了信息传递作用，本书发现企业家微博对企业价值的提升作用在企业信息不对称程度更高的情况下更显著。这说明企业家微博这一非正式信息传递机制同样具有重要作用，能够对企业价值产生深刻影响。研究结论拓展了非正式信息传递机制的研究范畴，为新媒体信息披露的经济影响提供了理论支撑。

第二，本书对企业家微博传递的信息内容进一步进行了文本分析，以区分不同信息内容对企业价值影响的差异性。若按照是否与公司信息相关分为"披露式微博"与"个性化微博"。实证检验结果表明，企业家微博中发布的个性化微博数量占比越高，越有利于提升企业价值，说明相比于"披露式微博"，企业家个人微博中的"个性化微博"更具信息增量，且更受投资者关注。若按照企业家微博信息内容是否传递企业家社会资本进行衡量，将企业家微博中艾特（@）他人的情况视为一种社会关系网络的信息传递。由实证检验结果可知，企业家微博中包含的艾特（@）人数越多，企业价值的提升越明显，说明在中国资本市场中，投资者对企业家个人所拥有的社会资本赋予了一定的价值。若按照企业家微博内容的情感倾向进行分类，将企业家微博中的语句根据自然语言识别技术区分为正向情感语调和负向情感语调。企业家微博中正向情感语调占比越高，企业价值上升越明显，说明投资者更倾向于乐观、积极、向上的企业家形象，企业家个人魅力也会影响企业价值。

第三，从融资角度来看非正式信息传递机制的影响路径。本书将企业融资分为债务融资与权益融资，利用企业家微博这一解释变量进行研究，发现企业家发布微博有利于降低企业的权益融资成本，但对债务融资成本无显著影响。这与现有媒体曝光类文献的结论基本保持一致，说明银行等债权人有相对丰富的渠道来获取关于企业价值的信息，比如定期与高管进行会谈、查询企业的经营账户等。而中国资本市场中以个人投资者居多，机构投资者所占比例相对较少，个人投资者获取信息的渠道较为狭窄，微博等社交媒体为处于信息劣势的个人投资者提供了良好的信息搜寻平台，更有助于帮助投资者进行价值判断与投资决策。进一步地，本书进行了两个横截面检验。一是针对我国地域市场发展不均衡的情况，将上市公司注册地所属地区按照市场化进程分为高低两组，发现相比于市场化进程高的地区，若企业所属注册地在市场化进程较低的地区，则企业家微博与权益融资成本之间的负相关程度更加显著。这一发现提示，非正式信息传递机制可能是对市场发展水平失衡的一种应对策略，有助于缓解信息壁垒造成的定价偏差，为解决中小企业融资难问题提供了全新的思路。二是针对企业不同的外部信息环境，按照媒体报道数量和分析师跟踪情况等将企业外部信息环境划分为高、低两组。研究发现，相比于企业外部信息环境相对充分的情况，若企业外部信息环境处于较为薄弱的情况时，则企业家微博对权益融资成本的降低作用更加显著，说明企业家微博这一非正式信息传递机制有效缓解了企业外部信息环境，为企业营造了更为畅通的信息披露渠道。以上结果均通过稳健性检验缓解了内生性问题，说明非正式信息机制在正式机制相对缺失的情况下，起到了重要的补充作用。

第四，非正式信息传递机制的选择动因方面，基于信息传递理论的大框架，在控制企业特征变量和企业家特征变量后，本书发现企业信息不对称程度越高，企业家越倾向于发布微博，企业家微博承担了重要的组织角色。按照这一逻辑，高科技企业拥有较强的技术与信息壁垒，信息不对称程度较高，很多专有知识无法传递或者传递成本过高，企业家微博有利于建立信任度和认同感，从而有效实现企业正式信息披露无法达到的目的。实证检验结果也证明，高科技企业中的企业家更倾向于发布微博。以上结果说明企业家个人行为与企业组织之间的关系密不可分，处于一个利益共同体下。

此外，本书还考虑了替代性解释和内生性问题。重点验证了企业家微博的信息传递路径，排除企业家过度自信的替代性假说，通过不同的研究设计，保障了本书结论的稳健性。具体地，在信息传递路径的验证方面，本书运用正式信息披露与非正式信息传递的互动效应进行研究，发现企业家微博与企业正式信息披露密不可分，在正式信息披露的同时，企业家微博这一非正式传递机制所传递的信息量也随之增加。在企业家个人特征的影响方面，本书针对企业家过度自信这一指标进行衡量，发现发布微博的样本中管理者存在过度自信倾向的比例不超过50%；同时，是否发布微博与管理者过度自信之间的相关系数不超过0.2，回归模型结果也没有发现统计意义上的显著影响，由此排除企业家过度自信的替代性解释。因而，本书的信息传递路径成立。

综上所述，非正式信息传递是一个有效机制。企业家微博发布并非只是单纯的个人行为，其承担着重要的组织目的。本书的研究兼具一定的理论贡献与实践意义。

理论贡献方面，首先，本书将企业层面的信息披露下沉到更具体的个人层面，创新性地将信息传递机制区分为正式和非正式两类，从新媒体角度丰富了现有自愿性信息披露理论的研究范畴。其次，本书以企业家微博为切入点研究企业家行为，丰富了现有高管特征的相关文献，利用社交媒体这一新的测量方法为"互联网＋大数据"环境下的企业管理提供新的思路。再次，本书基于信息传递理论，阐明了企业家个人行为与组织绩效之间的关联，提示企业若处于正式机制相对缺失的情况下，可以借助非正式信息机制传递信息。最后，本书通过关注企业家个人社交媒体中多元化的信息特质，如文本信息内容类型、情感语调等，丰富社交媒体文本信息有用性方面的研究，避免一味重视数字信息而忽略文本信息。

实践意义方面，本书的研究结论可为企业家的媒体管理行为决策提供重要的经验参考。随着信息技术的快速发展，企业内外部信息环境发生重要变化，人们信息传递与采集的方式也发生转变，微博等社交媒体已然成为现代社会交流沟通的主要媒介。这一外部整体环境的变化也促使企业重新思考信息披露的方式方法，本书的研究为企业家是否以及如何利用社交媒体进行信息传递的行为决策提供了重要的指导；同时，为监管层管控企业信息披露拓展了方向，新媒体、新技术的使用，促使监管层必须不断修订、完善现有的制度规定，为新的信息披露环境提供有力的政策保障。

孙　彤

2023 年 2 月

目　　录

| 第一章 |

绪 论

第一节 研究动机与意义

信息是资本市场中交易和定价的基本因素。根据信息经济学理论，股价是投资者信息集合的反映，即股价的多寡是由资本市场中的信息决定的。随着信息技术的快速发展，从传统的报刊书籍、电视电话到互联网、搜索引擎再到移动设备、自媒体等都成为有效的信息媒介（Fang & Peress，2009；Dougal et al.，2012；游家兴和吴静，2012）。移动互联的快速发展使得自媒体成为当今社会最便捷、成本最低、影响力也最大的传播方式，它深刻地改变了现有信息产生的数量、类型及传播方式（胡军和王甄，2015；Miller & Skinner，2015）。《中国社交媒体影响报告》显示，当下社交媒体是以用户关系和平台内容为基础形成的社交媒体生态，完全改变了人们传递信息和获取信息的方式。

信息披露是对资本市场资源进行合理配置的重要基础。降低信息不对称是提高资本市场定价准确度的主要途径。2020 年 3 月 1 日，修订后的《中华人民共和国证券法》（以下简称《证券法》）开始施行，设专章规定及系统完善了信息披露制度，具体变化包括：（1）扩大信息披露的义务主体，用"发行人、其他信息披露义务人"代替"发行人、上市公司"，将控股股东、实际控制人等相关责任主体纳入信息披露义务人的范畴。（2）新增信息披露"及时性"以及"简明清晰，通俗易懂"的要求，无疑对信息披露的时效及质量提出了更高的要求，而社交媒体的特殊属性恰好可以满足这一要求。（3）鼓励自愿披露。《证券法》第八十四条规定，除依法需要披露的信息外，信息披露义务人可以自愿披露与投资者做出价值判断和投资决策有关的信息。可见，企业家社交媒体这一非正式信息披露机制既符合政策要求，又满足市场定价需求，对保护投资者利益、提升资本市场定价效率、促进资源高效配置、维持证券市场长期稳定发展具有重要意义。

企业家作为企业重要的决策人、掌舵者，其个人的一言一行都会传导到所在的企业，对企业价值产生深刻的影响（Kor，2006）。在传统意义上，企业家通过制定战略、影响内部管理等后台行为来影响企业价值。消费者或者投资者对于企业的认知一般仅限于企业产品和服务本身。但互联网时代，信息传递方式与效率的改变带来了企业经营模式和管理方法的变革，企业家的角色也正在发生改变。越来越多的企业家个体从企业的幕后走向前台（Nguyen，2015），积极主动地与公众沟通，希望通过人格化的个人行为向外界传递企业的战略、理念以及产品相关的信息，谓之为企业家前台化行为（front-stage behaviors）（Goffman，1959）。例如，聚美优品 CEO 陈欧、格力电器董事长董明珠、林清轩生物科技有限公司董事长孙来春等，都积极利用自媒体平台与公众进行互动。那么，随着信息技术的发展，企业家们是否会有效利用社交媒体这一非正式机制来传递信息？这些信息会对投资者产生怎样的影响？

信息媒介的快速发展赋予了企业更多信息披露机制选择的可能。移动互联网时代下，自媒体的影响力呈几何级增长，成为不可小觑的信息传播途径。在各种信息传播方式中，企业家会根据受众群体以及信息传递的效率选择合适的媒介，微博就是其中之一。2010 年以来，快速发展的微博为企业家前台化提供了一个更及时、更多元且低成本的平台。微博是弱关系型网络的典型代表，比如新浪微博用户之间无须互粉即可进行互动，用户间通过关注、粉丝和互粉关系形成社交链，微博博主则处于这一社会网络的中心位置。基于格兰诺维（Granovetter，1973）提出的弱连带优势理论，认为弱关系网络在传播信息方面具有相对优势。企业家开通个人微博后，信息可以从企业家处向外快速扩散，短时间内可以定向地传播给粉丝。粉丝的转发又会带来信息的加速传递和扩散。此外，微博具有短文本性、即时性和可视化的特点。短文本性大大缩短了用户获取信息和发布信息的时间；即时性体现为信息更新速度快、信息内容时效性强；可视化则将信息更加直观地展示出来。基于信息可视化理论，一幅图胜过千言万语，人们从外界获得的信息约有 80% 以上来自视觉系统。综上所述，微博等社交媒体不但在传播信息的速度上非常高效，在内容传递上也更为丰富和灵活，是提高上市公司信息披露质量的重要补充途径。同时，微博又具有双向互动属性，企业家会接收来自不同受众的信息反馈，这一双向沟通机制有效缓解了企业家与市场之间的信息不对称。据调查，美国上市公司对 Twitter 等社交媒体的接受程度高达 70%（Zhang，2015），我国微博使用率为 34.6%（第 39 次中国互联网络发展状况统计报告）。截至 2021 年底，微博的月活跃用户数为 5.73 亿人，同比净增约 5 200 万人。《微博企业运营白皮书》显示，我国已有 130 万家认证企业入驻微博，覆盖行业超 60 个。由此可见，微博等社交媒体已然成为上市公司信息披露的重要渠道。不同于企业层面的信息披露，企业家个人层面是一个崭新的视角。

基于以上背景，本书选取 2010～2017 年所有 A 股上市公司的企业家作为研究对象，对企业家微博发布的经济后果以及选择动因进行了实证检验。本书的研究兼具一定的理论贡献与实践意义。理论贡献方面：第一，本书将企业层面的信息披露下沉到更具体的个人层面，构建了"政策信息—行业信息—企业信息—个人信息"逐级下放的"金字塔式"企业信息维度。关注企业家个人信息是对企业信息披露研究范畴的重要补充。第二，创新性地将企业信息传递机制区分为正式和非正式两类，显著区分为"官方"与"非官方"的定义。基于现今数字经济与新媒体环境变革，本书从新的社交媒体视角丰富了现有企业信息披露的研究，且不同于媒体曝光类的研究，更关注企业家主动的信息传递行为而非被动的媒体曝光。第三，本书以企业家微博发布为切入点研究企业家个人行为，不同于现有高管特征的相关文献，是一个动态且行为化的研究。第四，本书通过关注企业家个人社交媒体中多元化的信息特质，如文本信息内容类型、情感语调等，丰富社交媒体文本信息有用性方面的研究，避免一味重视数字信息而忽略文本信息。

在实践意义方面，首先，本书的研究结论可为新媒体时代企业家的媒体管理行为决策提供重要的经验参考。随着信息技术的快速发展，企业内外部信息环境发生重要变化，人们信息传递与采集的方式也发生转变，微博等社交媒体已然成为现代社会交流沟通的主要媒介。这一外部整体环境的变化也促使企业重新思考信息披露的方式方法，本书的研究为企业家是否以及如何利用社交媒体进行信息传递的行为决策提供了重要的指导。其次，本书研究提示监管层应关注新媒体渠道的信息披露，制定相关政策完善市场环境。新媒体、新技术的高度使用，促使监管层必须不断修订、完善现有的制度规定，为新的信息披露环境提供有力的政策保障。最后，研究企业家个人行为特征，也是充分发挥企业家市场主体地位的重要体现。

第二节　研究问题的提出

本书以信息传递理论为基础，沿着"非正式信息传递机制的经济后果—传递路径—选择动因"的逻辑主线逐层展开研究，拟解决四个主要问题。一是探讨企业家微博这一非正式信息传递的重要性，围绕企业家微博对企业价值的影响展开实证分析。二是进一步探讨企业家微博到底传递了什么信息，不同信息是否会导致不同的经济后果。三是分析非正式信息传递是如何影响企业价值的，从企业融资视角给出了解释，实证检验了企业家微博与企业融资成本之间的关系。四是探究企业非正式信息传递的选择动因，根据对企业所处的信息环境进行分析后，验证企业信息不对称程度对企业家微博选择的影响，从组织目的考察企业家个人行为。最后辅以稳健性检验，进一步证实信息传递路径的存在，并排除可能影响本书结论可靠性的替代性解释，即代表企业家心理特征的过度自信指标，基本排除内生性问题。四个研究问题相辅相成，构建了一个完整的研究体系。

一、非正式信息传递是否会影响公司价值

企业家在企业发展过程中举足轻重的地位已经得到学术界和实务界的共同认可（Kor，2006），企业家行为具有明显的企业组织色彩。企业家微博对企业来说，是利还是弊？目前尚未有比较一致的结论。企业家微博是存在成本的：第一，微博维护成本。企业家需要花费时间精力进行微博的发布、更新、互动等。而时间成本对于企业家这一特殊人群来说无疑是高昂的。第二，声誉绑定效应。一旦企业家选择发布微博，曝光于人前，其个人声誉与所在的企业就会更紧密地绑定在一起。当企业存在负面消息时，企业家声誉也会遭受更大的损失。同理，企业家个人负面消息也会传导到所在的企业。第三，"谦逊内敛"是中国文化的重要特征。尤其是具有一定社会资本的人更不想曝光在人前，披露更多的私人信息意味着更大的风险（包括人身安全风险、财产安全风险、合作风险等）。综上所述，企业家在考虑是否发布微博时，一定会权衡其收益与成本。当企业家发布微博后，其收益表现在哪里？是否会提升企业价值？

非正式信息传递机制作为正式机制的有益补充，一方面企业家微博不像企业定期财报或者公告那样受到时间、形式、内容等的规范，相对自由。另一方面，微博具有弱关系网络特点，可以快速而广泛地传播信息，且可以通过声誉机制获取信任。具体来说，企业家微博可以传递多元化的信息，尤其是那些不便从官方渠道公布的企业信息，可以用更加个性化、通俗化、丰富化的语言阐述其经营管理理念，使公众更多地了解企业及企业家的情况。另外，企业家和企业很大程度上是一个整体。在投资者眼里，企业家和企业是密不可分的。在微博上，即使企业家发布的信息与企业无关，也可以拉近企业家和公众的心理距离，建立起信任感和认同感，

进而将这种信任感和认同感传递到其所经营的企业中。无疑，企业家微博是数字化时代下企业可选择的非正式信息传递机制，预期这一机制会有效提升企业价值。基于此，本书第四章探讨了非正式信息传递对企业价值的影响。

二、非正式信息机制传递了哪些内容

企业家微博这一非正式信息传递机制不同于企业官方微博，何贤杰等（2016）指出，企业官方微博披露了大量的公司特质性信息，即微博内容中有84%是正式公告之外的信息，且日常经营活动及策略类信息占到69%。不同于企业官方微博，现有研究尚未对企业家微博内容进行探讨，企业家作为企业重要的掌舵者，其微博是承担组织角色还是个人角色？是披露企业相关信息还是披露个人相关信息？到底想向外界传递何种信息？这些问题都没有答案。基于此，本书试图打开企业家微博这一"黑箱"，对企业家微博的信息内容进行文本分析，考察不同信息内容带来的不同影响。具体地，第四章内容解决了这一问题。

首先，微博传递的信息主要是一些定性的"非财务信息"（胡军和王甄，2015）。这些信息往往缺乏标准，涉及范围较广，大致可以分为两类：一类是与公司日常经营管理相关的信息（本书称之为"披露式微博"），比如新产品推广、重要事件公告等；另一类是与公司经营管理无关的信息（本书称之为"个性化微博"），只涉及个人兴趣爱好、心情感悟等内容。披露式微博由于与企业官方微博承担的角色类似，均传递企业相关信息，而这些信息仅通过企业家微博披露而不通过官方渠道披露的可能性较小，因而信息增量作用微弱。相反，个性化微博不同于企业官方微博，传递的更多是与企业家个人特征相关的信息。当企业家微博发布更多个性化信息时，外界对其个人的认知会更多，透过企业家人格化特征可以更好地了解企业经营和决策风格，甚至有些人还会成为其微博粉丝。由此，本书预期个性化微博更有利于提升企业价值。

其次，根据威廉姆斯（Williams，2006）的社会资本理论，可以将社会资本区分为结合型社会资本和桥接型社会资本。结合型社会资本（bonding social capital）指的是已经相互认识或有亲密血缘关系的人彼此建立的网络形态，而桥接型社会资本（bridging social capital）则是强调通过参与不同社会团体使原本不认识的人彼此建立起联系网络。比如，微信是结合型社会资本网络，微博则是桥接型社会资本网络。微信是基于用户已有的社会联系，在微信上联络的人很多是现实社会中的熟人。微博则不同，微博的"关注"或"粉丝"很多是陌生人（朱炜等，2014）。基于格兰诺维特（1973）的弱连带优势理论，发现微博属于弱关系型社交网络，而弱势链在传播信息方面具有更强的比较优势。伯特（Burt，1992）在弱关系信息传递的理论中指出，微博信息在传递中具有显著的"中心化"特征，即微博发布者更多处于弱关系网络的结构洞位置，更有助于信息的散播。而企业家社会资本对企业具有重要的影响（Oliver & Liebeskind，1998），在中国关系型交易背景下是重要的治理变量，企业家有理由向外部信息不完全掌握者传递其重要的社会关系网络，以此来展示企业的实力。由此，本书预期企业家微博中艾特（@）的人数越多，企业价值提升越明显。

最后，以往文献指出，企业存在选择性信息披露，即企业更倾向于（重复）披露"好"消息，而掩盖"坏"消息（Dye，2001）。不同于策略性披露，荣格等（Jung et al.，2018）指出公司还存在着策略性传播。企业更倾向于利用社交媒体去重复传递好消息。那么企业家微博的信息是否也可以分为"好消息"或"坏消息"呢？在随机选择了500条微博进行阅读后，发现企业家微博中个性化微博占比较高，且内容大多是表达观点、想法或者生活点滴的记录等。按好消息或者坏消息分类不太准确，更合理的分类方法是按情感语调的积极和消极倾向分为"正向语调"和"负向语调"，代表企业家"积极"或"消极"的心态或形象。相比于负向情感语调，企业家更倾向于树立积极、乐观、向上的企业家形象，这更有助于企业价值实现。由此，预期企业家微博中正面语调比例越高，企业价值上升越明显。

三、非正式信息传递是如何影响企业价值的

在考察非正式信息传递机制对企业价值影响的基础上，进一步的问题是，影响路径是什么？是通过影响融资还是投资？基于信息披露的相关理论，企业信息披露会影响融资成本，进而本书考察企业家微博与融资成本之间的关系。

降低信息不对称是提高资本市场效率的主要途径。非正式信息传递机制同样有利于缓解信息不对称。企业的融资渠道可以分为两类：债务融资与权益融资。企业的债权人主要是银行。银行一般与企业保持长期的合作关系，一定程度上掌握企业的财务信息和现金流状况，与企业家也有更多面对面沟通的机会，信息不对称程度相对较低。中国资本市场参与者以个人投资者为主，机构投资者占比相对较小。相比于公司和债权人之间，上市公司与中小股东之间的信息不对称程度更高，企业家微博为缓解公司与中小股东之间的信息不对称、增进中小股东对企业及企业管理者的信任提供了重要渠道，为中小股东价值判断与投资决策提供了增量信息。因而，本书预期企业家微博更有利于降低企业的权益融资成本。

制度经济学指出，在法律环境或者市场环境相对完善的情况下，交易可以通过正式契约达成。在法律环境或者市场环境相对缺失、正式制度无法起到应有的作用时，交易需要依赖于非正式制度，如声誉、文化以及私人机制中的"关系"或商业信任等。这种非正式制度具有一定的社群效应。我国市场发展不均衡，在市场进程低的地区，企业"融资难""融资贵"等问题更为突出（吕劲松，2015；陈道富，2015）。同时，企业间外部信息环境也存在巨大差异。企业家微博为投资者了解企业和企业家信誉及管理风格提供了重要的信息渠道，可以弥补正式机制的缺失。由此，预期企业家微博对企业融资成本的影响在市场化进程较低、外部信息环境较差的情况下影响更大。

基于此，本书第五章对这一问题进行了实证检验。

四、哪类企业倾向于选择非正式信息传递

什么类型的企业更倾向于选择非正式信息传递机制？信息披露能够减少管理者和投资者之间的信息不对称程度，从而影响投资者价值判断（Beyer et al,, 2010）。但一个关键的问题是，为何通过企业家微博这一非正式机制进行信息传递而不是直接通过企业正式信息传递机制进行传递？相比于企业官方而言，企业家具有何种特质或者不可替代的资源？

新经济主义经济学指出，社会制度有利于解决经济行为中出现的经济问题，比如交易行为中的欺诈行为。制度中的交易保障和惩罚机制可以有效缓解欺诈行为，同时社会文化传统中的道德也会有效约束人的行为，从而在硬性契约和隐性契约双方面起到有力的保障。但格兰诺维特（1985）指出，这两个解决方式都无法真正地避免交易过程中的欺诈。一方面，只有社会制度足够健全与完备才不会让人有机可乘，而这恰恰很难实现；另一方面，受大众普遍接受的道德并非时刻存在。因此格兰诺维特运用"嵌入性"理论来解释信任和欺诈。人们的交往并非是一次性的，是重复博弈的过程，人们的交易往往是基于一定程度的相互信任，并且更愿意和拥有良好声誉的人进行交易。而社会关系网络有助于建立信任，降低交易成本。按照这一逻辑，当企业存在信息传递需求时，正式信息披露无法实现，只能寻求非正式信息传递机制，这种非正式信息机制必须能够建立起双方之间的信任度，增加违约成本。企业家微博正好可以解决这一问题。微博作为弱关系网络的典型代表，企业家发布微博通过关注、粉丝、互粉形成社交链，在这一网络中企业家通过不断积累获取声誉，同时建立起与公众之间的信任度，从而有效增加信息传递的真实性。一旦企业家发布虚假消息或实施有损信任的行为，则会遭受网民的质疑，甚至谩骂，导致企业家形象与声誉受损。因而，企业家微博也是一种"嵌入式"的社会网络，有助于建立与投资者之间的信任。

基于此，哪种类型的企业更倾向于选择非正式信息传递机制？本书给出的解释是：首先，企业有信息传递的需求，可能存在严重的信息不对称问

题；其次，正式机制无法达到有效信息传递要求，如无法披露或者披露成本过高；最后，非正式信息传递机制具有某种特殊属性，可以弥补正式制度的缺失。本书的第六章对这一问题进行了详细的分析，探究企业信息不对称程度与企业家微博发布之间的关系。

第三节　本书结构安排

一、章节安排

本书其他章节的安排如下。

第二章为文献回顾。本章主要围绕与企业非正式信息传递有关的理论进行分析，包括信息披露理论（区分强制性信息披露与自愿性信息披露、正式信息传递与非正式信息传递）、媒体发挥的作用以及企业家个人特征三个方面，为下面各章节的假说发展奠定理论基础。

第三章为信息环境变迁。本章主要概述了人类信息技术的发展历史，并进一步分析了中国信息环境的发展现状，从外部环境角度探析企业信息传递的转变与特点，推演出利用新媒体进行信息传递的必然趋势。

第四章为非正式信息传递机制与企业价值。本章以企业家微博为研究对象，实证检验了企业家微博对企业价值的影响，并进一步对所传递的信息内容进行分析，观察不同信息内容带来的不同影响，为企业家的行为决策提供重要参考。针对本章结论进行了稳健性检验。

第五章为非正式信息传递与融资成本。本章在第四章的基础上，从融资角度解释了企业家微博影响企业价值的路径，基于信息传递视角，实证检验了企业家微博与债务融资成本、权益融资成本的关系，并进一步区分在不同融资环境和信息环境下，企业家微博对融资成本影响的差异，针对本章结论进行了稳健性检验。

第六章为非正式信息传递机制的选择动因。第四章和第五章关注的是企业家微博带来的经济后果，而本章关注的是企业家微博的选择动因。从信息传递的需求来看，探讨企业信息不对称对企业家微博选择的影响，进一步从市场角度和行业角度给予解释，针对本章结论进行稳健性检验。

第七章为替代性解释与内生性问题。本章针对本书可能存在的疑问进行解释说明，具体包括两方面：一是验证本文中信息传递路径的真实性；二是排除可能影响结论的替代性解释，主要为企业家心理特征（过度自信）。

第八章为全书总结。本章阐明了本书的主要结论，并对全书的研究贡献、研究不足及未来可能的研究方向进行了说明。

二、研究框架

本书的研究框架如图 1.1 所示。

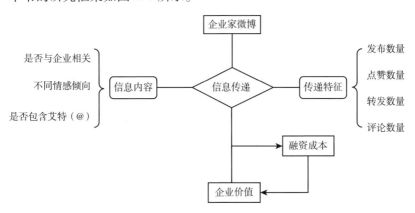

图 1.1 研究框架

第二章

文献回顾

第一节　信息披露理论

一般意义上，信息披露可以划分为企业自愿进行的信息披露和国家有关法律法规规定的强制信息披露。企业家微博属于自愿性信息披露范畴。但自愿性信息披露中，企业官方微博与企业家微博由于发布主体不同，二者存在一定程度的显著差异，本书创新性地将企业信息传递分为正式信息传递机制与非正式信息传递机制，将企业家个人层面的信息披露纳入非正式信息传递范畴。

一、强制性信息披露与自愿性信息披露

企业信息披露可以大致分为两类：强制性信息披露与自愿性信息披露。强制性信息披露是指根据有关监管部门的要求进行的披露，是信息披露的最低门槛，缺乏灵活性。而企业为了降低信息不对称水平和满足利益方的信息需求，往往会在强制性信息披露之外进行自愿性披露，是重要的有益补充。自愿性信息披露包括管理层对公司战略的评价、社会责任、研发进程、前瞻性预测及公司治理状况等。自愿性信息披露与强制性信息披露的本质差异在

于动机与监管的效果之争（王艳艳等，2014）。鲍尔等（Ball et al.，2003）指出，企业之所以选择自愿性信息披露，是因为执行的动机要强于监管本身。曹廷求和张光利（2020）研究指出，自愿性信息披露能够显著降低企业股价崩盘风险。唐建新等（2021）发现，我国资本市场开放提高了自愿性信息披露的意愿和精度。易志高和张烨（2022）研究发现，企业业绩预告披露行为存在明显的"同伴效应"，基于同伴效应的信息披露行为可以提升个体企业的未来价值。因而，自愿性信息披露对企业来说具有重要的意义。

关于企业自愿性披露动机的探讨，主要有三个原因：一是降低信息不对称的需求。例如，弗兰克尔等（Frankel et al.，1999）利用电话会议上管理层披露的自愿性信息发现，处于高科技行业的企业由于存在更多的信息不对称，因而更倾向于披露更多的信息。有研究指出，当企业未来盈利存在较大不确定性或者将要发生并购事项时，管理层更乐意在季度公告财务报表，以为投资者准确估值提供参考（Chen，2002）。同时，也有研究表明，企业提高信息披露质量可以降低股权融资成本，部分学者也发现自愿性信息披露与债务资本成本存在显著的负相关，因而出于融资需求企业也会增加自愿性信息披露（Li et al.，2019）。黄峻荣和谢彪（2021）指出，再融资公司会向外界自愿性披露更多信息，从而来顺利达到再融资的目的。二是公司治理的影响。例如，霍和汪（Ho & Wong，2001）通过对中国香港地区上市公司研究发现，若董事会中家族成员占比越高、董事长和总经理二职合一、董事会独立性越低的话，自愿性披露就会越少。在家族企业中，股权越集中，控股股东对公开信息的需求就越少，企业便更少发布盈余预测和召开电话会议（Chen et al.，2008）。佟岩等（2012）指出，随着市场竞争的不断加剧，民营企业更会通过自愿性披露来向市场传递积极的内部控制治理良好的信号。方红星和戴捷敏（2012）指出，内部控制质量水平较高的上市公司更有动机进行自愿性信息披露，更多披露内控状况，以降低代理冲突。三是出于获取竞争优势，抢占市场的动机，当某些企业率先进行自愿性会计信息披露而在市场中获得竞争优势时，其他企业一般不会坐以待毙，而会挖掘自身的特点和优势进行自愿性披露，从而争取竞争优势。如此繁衍，就会形成有效竞争市场状态，加快经济发展的前进步伐。

关于自愿性信息披露引发的经济后果主要有两种主流观点：一种为"透明观"；另一种为"柠檬观"。"透明观"认为自愿性信息披露可以有效缓解信息不对称程度、提高公司透明度。例如，有研究指出，自愿性信息披露能够提高股票交易的流动性、降低投资者的"预测风险"，避免柠檬市场产生的价值损耗，有利于降低企业的权益资本成本（Milne et al.，2007；Heitzman et al.，2010；Shroff，2013；方红星和金玉娜，2011；王艳艳，2013；袁放建等，2013），同时有助于帮助分析师提高预测准确度，帮助投资者更好地预测企业未来发展（Ertimur et al.，2011）。除此之外，自愿性信息披露还可以改善外部利益相关者对企业的判断，树立良好的形象和声誉，从而为企业带来更好的收益。而"柠檬观"认为，管理者很可能为了个人私利而发布虚假信息来误导投资者（Gilson et al.，2001）。例如，有研究指出，如果公司在股权再融资之前自愿披露较多，而后减少时，则存在较为严重的盈余管理行为（Jo & Kim，2007）。管理层会为了掩盖差业绩而在管理层讨论与分析（MD&A）中披露更多的叙述性信息（Li，2008）。唐跃军等（2008）在研究中指出，我国第二类代理问题较为严重，控股股东为了获取控制权私有收益，会倾向于利用自愿性披露来使信息看起来可靠与及时。中国上市公司的自愿性披露往往与盈余管理正相关（Chen et al.，2011）。信息披露数量不等同于质量，自愿披露质量很大程度上依赖于公司治理机制的有效性（崔学刚，2004）。现如今针对两种观点的研究还在继续发展，哪一种起主导作用尚未有统一定论。

综上分析可知，资本市场中由于代理问题的存在，使得外部人与公司内部管理者之间存在一定程度的信息不对称，从而引发逆向选择与道德风险问题，使得市场有效受损。而解决这一问题的关键方式就是将信息有效传递给利益相关者，在强制性信息披露之外，企业有需求向外传递更多的自愿性信息。现有针对自愿性信息披露的研究主要聚焦于正式公告或者电话会议中的自愿性披露部分（Karamanou & Vafeas，2010），而很少关注微博等新兴社交媒体带来的信息披露环境的变化以及新形势下自愿性信息披露内容的多样性转变。

二、正式信息传递与非正式信息传递

上市公司与外部信息使用者之间的信息传递机制可以归类为正式和非正式两种类型。现有文献一般将媒体分为官方媒体和非官方媒体。官方媒体是指那些由官方举办、有官方背景、受官方控制或支持、具有官方倾向并体现官方意志的信息传播媒介，如《人民日报》、中央电视台等官办媒体（叶杰，2019）。除此之外，非官方媒体不受政府掌控，不由政府举办，不具官方背景，没有官方倾向，不需要承担宣传政治体系执政理念和方针政策的任务。非官方媒体既包括各种自媒体，也包括不受政府管控的海外媒体，甚至还包括个人间的口头相传（叶杰，2019）。可见，文献对官方媒体定义中的"官方"是指政府。但同时，基于企业信息披露的文献将企业微博称为"企业官方微博"。为了避免对"官方"一词理解上的混淆，本书将信息披露渠道创新性地区分为"正式的"和"非正式的"两类。正式信息机制包括资本市场监管机构指定的信息披露媒介，如交易所网站、证监会指定的网站和报刊等，也包括公司为传递非强制披露信息选择的官方媒体，如企业家接受官方媒体采访以传递企业相关信息，或通过企业官方微博发布信息等。非正式信息传递机制是指上述信息传递方式之外的信息传递，如在自媒体时代，微信、个人微博等都是典型的非正式信息传递机制。

制度经济学指出，在法律环境或者市场环境相对完善的情况下，交易可以通过正式契约达成。在法律环境或者市场环境相对缺失、正式制度无法起到应有的作用时，交易需要更多依赖于非正式制度，如声誉、文化、私人机制中的"关系"或商业信任等。这种非正式制度具有一定的社群效应。企业家个人微博是典型的非正式信息传递机制。企业家微博的非正式性表现在两个方面：一是个人微博显然没有正式信息传递中具有的"官方"色彩；另一方面，个人微博的内容可以包罗万象，不像官方媒体那样有明确的规范和边界，也不像官方媒体那样要经过必要的审核。正因如此，企业家可通过微博更为自由地、从多个维度来展示自己和企业。同时，微博作为弱关系网络的典型代表，企业家发布微博通过关注、粉丝、互粉形成社交链，在这一网络中企业家通过不断积累获取声誉，同时建立起与公众之间的信任度，从而极大增加其违约成本，这是正式机制无法实现的。

综上分析，将企业信息传递分为"正式的"和"非正式的"有利于更清晰地根据渠道和内容特征来对信息传递的方式进行界定，研究不同机制下信息传递的效率和作用。在正式机制相对缺失的情况下，非正式信息传递机制是重要的替代或补充机制。现有针对非正式信息传递机制的研究还存在一定空白，企业家微博作为新时代下重要的非正式信息传递机制是值得进一步探讨的。

第二节　媒体发挥的作用

媒体是指广义上的大众传播媒介，包括报纸、广播、电视、网络等信息传播媒介。由于报纸、广播、电视的诞生时间早、应用时间久，被称为传统媒体，而网络新媒体由于产生时间短、发展迅猛、介质丰富且具有双向传播特征，被称为"新媒体"。自媒体是新媒体中的重要组成部分。本节重点探讨二者的作用与区别。

一、广义媒体的作用

近年来，随着新媒体尤其是自媒体的快速发展，媒体在企业发展过程中的重要作用逐渐显现，有研究指出，媒体发挥着公司治理和信息传播的双重作用（李培功和沈艺峰，2010；卢文彬等，2014）。从信息传播的角度来看，媒体报道有助于增强企业品牌影响力，提高品牌知名度，从而提高股票定价效率、降低公司资本成本（夏楸和郑建明，2015；罗进辉，2012）。媒体作为信息中介，通过传播新信息，丰富公司的外部信息环境，从而削弱知情交易者的信息优势，降低信息不对称程度（Frankel & Li，2004）。从公司治理角度来看，媒体披露的某些信息（如曝光企业舞弊行为）能够对企业造成巨大影响，舆论影响力可以有效监督公司管理层行为（孙彤和薛爽，2019）。戴克和津加莱斯（Dyck & Zingales，2008）最早提出媒体影响公司治理的三种机制，即监督机制、声誉机制以及市场压力机制。他们指出，媒体报道会引发社会舆论，有助于引起监管层注意与介入、通过影响管理层声誉缓解代理问题、影响投资者判断与情绪从而规范公司行为（Dyck et al.，2008；郑志刚，2007；李培功和沈艺峰，2010；柳木华，2010；游家兴，2010；醋卫华和李培功，2015；于忠泊等，2011；罗进辉，2012；权小锋和吴世农，2012；Nguyen，2015；才国伟等，2015）。乔治等（Joe et al.，2009）研究指出，缺乏效率的董事会被媒体曝光后，公司则会采取积极措施来提升董事会效率。我国学者研究发现媒体报道能够提高高管薪酬的契约有效性（罗进辉，2018）；媒体关注度的提升能够有效抑制上市公司的真实盈余管理行为（张婷婷等，2018）。

因此，媒体作为公司信息披露的重要载体，向资本市场传递着相关信息，同时形成对公司行为有效的外部监督。另外，也有学者从行为金融的角度出发，指出媒体报道会影响投资者情绪，进而影响资产定价（Shiller，2005；Tetlock，2007；Chen et al.，2013）。以 IPO 为例，根据媒体散播的谣言假说，IPO 公司通过上市前大量的媒体报道吸引了更多的公众关注度，从而使得投资者情绪高涨，出现 IPO 溢价现象（汪昌云和武佳薇，2015）。

然而，也有研究指出，媒体报道存在着信息偏差，如对大企业或者部分"话题"人物过分关注而丧失公平性与公允性（Gentzkow & Shapiro，2006）。科尔等（Core et al.，2008）指出，媒体倾向于曝光薪酬特别高的那些 CEO；牛仑和巴特勒（Gurun & Butler，2012）指出，地方性媒体更多地报道本地企业的负面新闻。同时，杨德明和令媛媛（2011）发现媒体对上市公司丑闻的报道是出于制造轰动效应，因而会选择性报道。媒体有偏理论（或者说媒体披露管理行为）认为，媒体倾向于去报道对公司有利的消息。例如，洪和斯坦（Hong & Stein，2007）指出，媒体具有渲染效应，会使得不理性的投资者情绪高昂进而导致股价偏离。这也是行为金融理论研究的焦点，即将认知心理学纳入到整体分析框架中，不局限于传统经济学中理性人假说，强调认知有限。行为金融学指出，"媒体情绪"会影响到资产定价，造成股票价格偏差（Chen，2009）。

在企业家媒体曝光度的衡量方法上主要有两种方式：一种是以单一媒体作为搜索来源（Hamilton & Zeckhauser，2004），优点是可以避免重复计数和非主流媒体的噪声，缺点是存在信息缺失和有限覆盖。另一种是使用搜索引擎（Bang，2016）进行关键词查找，优缺点与使用单一媒体正好相反。投资者对于不同来源的信息反应也有所不同。科萨里等（Kothari et al.，2008）指出，相对于公司自身公布的信息或者分析师电话会议中的投资信息，投资者对商业媒体新闻报道类的信息反应更加强烈。

以上分析表明，媒体在信息传播和公司治理方面发挥着重要作用。随着信息技术的快速发展，媒体的形式更加多样化，传统媒体发挥的作用是否发生改变？新媒体是否具有其他特殊影响？这些问题都值得进一步探讨。

二、自媒体的特点与作用

过去十年，信息技术的发展深刻地改变了信息产生的数量、类型及其传播方式（Miller & Skinner，2015）。而在各种信息媒介中，自媒体的研究相对较少，尤其是缺少探讨企业家如何运用自媒体与外部受众进行有效沟通的研究（Girginova，2013）。新媒体的不断发展，为企业家和传统企业的信息传播带来了全新的渠道和发展方式。赵平（2020）在研究中发现，我国很多传统企业纷纷借助新媒体平台进行商业模式和品牌构建。

自媒体可以有效促进企业与投资者之间的双向沟通（Uyar & Kilic，2012；Kilgour et al.，2015；Jurgens et al.，2016）。乌亚尔等（Uyar et al.，2018）利用土耳其公司研究发现，企业对社交媒体的利用深度（使用社交媒体的种类以及频繁程度）能够显著提升企业价值。而微博作为典型的自媒体社交网络平台，具有平等、及时和低成本的特性（徐巍和陈冬华，2016）。与传统信息披露媒介相比，社交媒体在以下方面具有比较优势：一是不受空间及时间的限制，具有碎片化的特点。人们越来越习惯和乐于接受简短的、直观的信息，这是整个社会信息传播的趋势，而自媒体的出现正是迎合了这种趋势，可以随时随地进行信息披露，且信息以更加高效、及时的方式传递。伴随着转发行为，信息呈几何级扩散。二是社交媒体的呈现方式更加多样化。信息能以文本、图片、音频、视频等不同形式呈现（王琼瑶，2021），且信息内容更加多元化。三是信息的发布可以多频次、多频率，避免受传统媒体选择性披露的限制，如传统媒体更倾向于报道"大公司"或"有影响力"的公司，忽略小公司的信息传递需求。优势之四是具有"推送"信息技术，只要关注了某一账号就会实时收到该账号信息变化，大幅度降低投资者的信息搜寻成本（Blankespoor et al.，2014）。优势之五是社交媒体的开通成本较低，一般无须付费，大大降低了信息发布的成本。优势之六是社交媒体实现了双向信息传递，而传统模式下的信息传递往往是单向的。即投资者在社交媒体上的评论信息也会及时反馈给企业家，扭转了投资者的劣势信息地位（Cade，2018）。优势之七是自媒体具有平民化的特点。传统媒体是事件的观察者和传播者，是经过专业系统学习的新闻从业者，而自媒体则更加面向普通大众，对于普通投资者了解企业的信息披露和进行外部监督更有优势。

基于以上优势，据全球知名公关公司万博宣伟调查，全球72%的高管认同并积极运用社交媒体。其中，联想集团更是要求高管必须开通社交媒体账号。可见，高管社交媒体"发声"已经成为数字化背景下的大势所趋、发展所向。

社交媒体属于自愿性信息披露的范畴（孙鲲鹏等，2020）。近年来，随着新媒体尤其是社交媒体的快速发展，人们逐渐认识到社交媒体在信息披露与传递中承担的重要作用。现有研究指出，社交媒体具有重要的信息效应，可以有效促进公司与投资者之间的双向沟通，具有积极的资本市场效应（Kilgour et al.，2015；Jurgens et al.，2016；丁慧等，2018；Mcgurk et al.，2020）。例如，布兰科斯泊等（Blankespoor et al.，2014）研究发现，如果公司在年报和传统媒体之外，同时利用 Twitter 发布同样信息，可以显著降低买卖价差、提高股票流动性。然而，现有学者针对社交媒体信息披露与资本市场定价之间的关系仍存在着争议。一方面，公司社交媒体信息披露对资本市场定价具有"信息效应"。何贤杰等（2018）研究发现，公司发布微博后股价同步性变低，且随着博文数量的增加，股价同步性变得更低。凯德（Cade，2018）研究发现，社交媒体能够影响投资者认知。当公司由于调整利润而引发公众质疑时，利用社交媒体及时解释或转移公众注意力的公司，比不予回应的公司更加得到投资看好。由此，社交媒体带来的增量信息有助于降低公司与投资者之间的信息不对称程度，从而提高资本市场定价效率。另一方面，公司社交媒体信息披露对资本市场定价具有"柠檬效应"。徐巍和陈冬华（2016）指出，公司官方微博内容具有混合和"不重大"的特点，不仅包含与公司相关的有价值信息，也存在很多娱乐性等无关信息。由于投资者注意力有限，无关信息的发布会导致信息冗余，从而使得投资者对部分有用信息反应不足（Hirshleifer & Teoh，2003）。达雷尔等（Larelle et al.，2018）通过搜集社交媒体关键词和关键信息（如标题、作者、内容、媒体提供商、发布日期等）检验出企业存在欺骗的可能性，从而误导投资者行为。罗琦等（2021）指出，社交媒体中产生了大量碎片化信息，信息流动速度的加快增加了投资者的信息处理成本，投资者容易被网络中的噪声影响并导致非理性情绪加剧。综上所述，社交媒体信息披露对资本市场定价到底是"信息效应"还是"柠檬效应"起主导作用仍未有统一结论，仍待进一步检验。

早期关于社交媒体的研究主要关注其信息传递效应，近年来社交媒体带来的治理效应逐渐被学者们所关注。社交媒体的治理效应主要表现为市场参与者在社交媒体中的反馈信息会反向作用于公司或者管理者，已有文献主要从消费者和投资者两大角度展开。从消费者治理效应的视角来看，主要表现为消费者在社交媒体平台上的评价会影响公司的营销策略与供给质量。社交媒体为消费者提供了一个无与伦比的平台，让他们可以公开自己对所购产品的评价。例如，凯斯林等（Kathleen et al.，2011）认为，微博能够对消费者的态度和行为产生影响，有利于构建品牌形象。金永生等（2011）发现，官方微博的发布数量和粉丝数量与微博营销影响力正相关。陈等（Chen et al.，2011）探讨了消费者发帖行为与营销变量（如产品、价格、质量）之间的关系，发现消费者在线评论对公司营销变量存在影响，且随着消费者使用互联网的年限不同而产生差异化影响。有研究通过对公司使用新媒体的程度进行聚类分析，发现企业在社交媒体上的自愿性信息披露与其新媒体采用程度呈正相关，企业在新媒体上的自愿性信息披露增加了公司的影响力和覆盖面（Zhang et al.，2015）。布拉依等（Balaji et al.，2016）研究发现，消费者在社交媒体上广泛传播抱怨内容，会导致品牌价值下降、股价下跌等问题。袁少锋和高英（2021）指出，消费者在社交媒体中的负面反馈会促进公司产品供给质量的提升。

从投资者治理效应的视角来看，社交媒体能够汇集中小股东的利益诉求，便于投资者对公司决策施加持续监督，从而抑制管理层和大股东的机会主义行为。当公司发布违规公告后，社交媒体中投资者关注度的提高会迫使公司采取行动尽快纠正违规行为（Zhou et al.，2021）。王丹等（2020）研究指出，投资者在社交媒体上"用嘴投票"参与度越高，管理层进行盈余预测自愿性披露的概率越大，且更愿意及时披露业绩下滑等坏消息。孙鲲鹏等（2020）研究发现，公司股吧交流越活跃，则公司正向盈余管理行为越少，社交媒体发挥公司治理作用的渠道主要是资本市场惩戒和引致监管风险。同年，窦超和罗劲博（2020）研究了中小股东社交媒体"发声"对高管薪酬契约的治理作用，为中小股东利用社交媒体"发声"参与公司治理提供了新的证据。以上研究均表示，社交媒体的互动属性实现了市场参与者尤其是中小股东治理效应的发挥，保障了中小股东的合法权益。

关于企业家个人微博的研究非常有限。现有文献大多关注高管社交媒体对消费者的影响，聚焦于市场营销领域。有研究指出，企业家通过微博平台进行自我展示，可以影响消费者对企业家及所在企业的品牌认知（Hogan，2010）。黄静等（2014）从消费者角度探讨企业家微博信息内容与企业家知名度对企业家形象的影响，发现低知名度的企业家通过展示"做人"类的微博信息更易获取消费者的正面评价，而高知名度的企业家通过展示"做事"类的微博信息更易获取消费者的正面评价。同时，托姆斯和哈洛（Toombs & Harlow，2014）研究发现，小企业中企业家利用社交媒体可以培养凝聚力，有助于员工生产与创新，增强与消费者之间的透明度和信任感。彭华东（2015）指出，高管社交媒体信息影响消费者的信任及消费者的购买意向。费舍尔和鲁宾（Fischer & Reuber，2011）则利用 12 名企业家使用推特网的数据，指出社交媒体的使用也会反过来影响企业家的有效认知与行为，进而增加机会和发展企业，但过多的社会互动会陷入重复无效的困境。企业家个人社交媒体对资本市场影响的研究相对较少，近年来才逐渐得到关注。有限的几篇文献包括：格朗等（Grant et al.，2018）探讨了高管通过电话会议和推特传递同样的公司信息时，投资者产生的不同反应，证明了高管社交媒体在信息披露中的重要作用。艾略特等（Elliott et al.，2018）研究发现，相比于公司官方社交媒体，高管社交媒体更有助于建立与投资者之间的信任度，从而抵御负面消息带来的负面影响。

综上所述，现有文献对自媒体的研究尚处于起步阶段，且大多关注官方微博等公司层面的新媒体利用，对企业家个人层面的新媒体利用的研究非常有限，尚无关于企业家个人微博与企业价值相关的研究。

第三节　企业家个人的特征

探讨企业家微博这一非正式信息传递机制，需要对企业家个人的特征进行深入挖掘，因为企业家个人属性及特征会影响企业家的行为选择，进而影响非正式机制的作用效果。纵观国内外财务相关领域的研究，发现现有文献逐渐开始关注个人特征的重要影响，比如管理层、审计师、分析师个人特征对企业宏观层面的影响，呈现出从宏观到微观视角的转变。本节关注企业家个人层面的特征及作用。

一、高层梯队理论

1984 年，汉布里克（Hambrick）和梅森（Mason）提出了"高层梯队理论"（upper echelons theory），认为管理者既有的认知结构和价值观决定了其对信息的解释能力。也就是说，管理者的特质会影响其战略选择，进而影响企业的行为。基于此，行为财务学派将管理者的个人特征（包括人口特征、心理特征、背景经历特征等）纳入企业组织绩效产出模型中。理论和实践结果表明，管理者自身的生活环境、教育水平等因素均会影响管理者的认知模式与思维方式，从而作用于管理者对于信息的采集、解读与使用，最终会不同程度地表现在企业的经营管理与决策过程中。综上所述，管理者的个人特质反映到企业中就形成了"企业的性格"，也就是说企业的发展离不开管理者个人特质因素的影响。

现有文献关于企业家个体特征的研究主要聚焦于性别、年龄、受教育背景等显性变量（Cronqvist et al.，2012；姜付秀等，2009）以及过度自信与乐观、风险偏好等隐性特征（花贵如等，2011；Goel & Thakor，2008；Jenter & Lewellen，2015）对企业投融资（Malmendier & Tate，2005；李焰等，2011）、信息披露（Bamber et al.，2010）、企业绩效与市场表现（Kaplan et al.，2012）等方面的影响。例如，黄和柯思根（Huang & Kisgen，2013）对高管性别与企业并购之间的关系进行研究，结果发现，男性高管比女性高管更容易表现出过度自信，从而增加企业并购频率，但并购回报率较低。伯尼欧等（Bernile et al.，2017）研究指出，高管的灾难经历也会改变其风险偏好，进而影响公司决策，具体来说，若高管经历的灾难导致死亡的程度较低时，其风险偏好更为激进。姜付秀等（2009）从行为金融学角度出发，以我国 A 股上市公司为样本，发现管理层过度自信程度较高时，企业的总投资水平较高，同时内部扩张程度明显，但外部扩张并不明显。

基于高层梯队理论衍生出一系列关于企业家个体特征影响的研究。但企业家行为不同于以上的人口特征，特定行为可能是企业家某些心理偏好或性格特征的综合体现，如那些喜欢在媒体曝光的企业家可能更为"高调"或者开放。本书研究的企业家微博正是从可观测的角度探讨企业家行为特征的影响。

二、企业家社会资本

企业家社会资本是社会资本研究领域中最具活力的研究领域之一。近年来，越来越多的学者开始对网络关系展开研究，提出网络关系是影响企业绩效差异的关键性资源（Jarillo，1988；Hunt & Morgan，1996；钱锡红等，2010）。在中国，关系网络更被看作是重要的资源，能够代替正式制度发挥作用。在正式制度缺位的情况下，企业家人际关系网络这一非正式替代机制可以有效减少企业运营的不确定性，增强其竞争优势（Peng & Luo，2000；Park & Luo，2001）。企业家社会关系网络能够为企业带来宝贵的关系资源，包括融资渠道、信息获取、政策倾斜等方面的优势，帮助企业成长。而企业家关系网络的形成具有路径依赖的特征，难以模仿和复制，具有价值性与稀缺性，是企业竞争力来源之一。社会关系网络的形成一方面有助于网络内部之间的信息传递，另一方面也会影响网络内部人的行为（Granovetter，1973；Coleman，1988）。随着网络内部连接紧密程度的提升，网络内部构建起相互的信任关系，其利益则趋向一致。

斯塔尔和麦克米伦（Starr & MacMillan，1990）把企业家划分为两种类型：一类是社会交往型，他们可以通过社会关系网络降低交易成本；另一类是传统管理型，他们不使用社会关系网络，仅支付全额费用。通过对比发现，社会交往型企业家比传统管理型企业家更能降低交易成本，可以使用更低的成本获得更多的资源。在转型经济背景下，企业家关系网络是帮助企业实现信息搜寻、机会获取和联结其他重要外部资源的有效手段，是一种关键的无形资产（李巍等，2018）。

企业家社会资本是指企业家个人拥有的关系网络以及通过这些关系网络可获得的、衍生出的现实和潜在的资源总和（Nahapiet & Ghoshal，1998），是镶嵌在社会网络中推动企业价值创造与持续发展的资源 (Tsai & Ghoshal, 1998)。企业家社会资本的具体功能如下：一是降低企业经营的风险。当企业遇到一些突发性的事件或是企业在经营过程中出现一些负面后果时，如果企业家拥有较强的社会资本，如与银行、供货商之间存在良好的关系，银行允许企业延期支付、供货商同意企业推迟支付货款，企业就有可能在非常时期获得宝贵的喘息机会，由此避免引发的经营风险。二是可以增强企业的创新能力。在当今高度竞争的环境中，创新是企业保持竞争优势的基础和根本动力，在这种情况下，依靠传统企业闭门造车的方式从事创新活动已远远不能满足企业和市场的需求，如果企业家有足够的社会资源，如建立在信任基础上的与合作伙伴、供应商之间的良好关系，则可以实现互补、共赢、跨界式的创新，有利于激活企业创新活力。在企业家整合资源的过程中，企业家具有一种独特的社会资源——企业家的社会关系网络，企业家可以通过自身的社会关系网络来对企业创新绩效产生影响。边双洁（2021）针对沪深两市A股制造业上市公司进行分析，发现企业家制度社会资本、技术社会资本和商业社会资本均对企业创新绩效起到正向作用。三是有助于积累企业的声誉资本。在企业家社会资本的培育过程中企业也逐渐在网络成员中树立了良好的声誉，并能通过网络向社会传递，最终有助于企业声誉资本的积累。四是可以增加企业的市场机遇以及降低企业的交易成本。企业家的成功有赖于各种重要资源的有效组合，如生产资源、政府行政资源等。企业家社会资本作为一种特殊的资源，可以帮助企业获得所需的各种市场资源，如从网络伙伴那里得到有价值的市场信息，或者建立重要的联系等，促进企业市场份额的扩大和经营绩效的提高，且在市场交易的过程中，由于信息不对称等原因的存在，不可避免地存在着交易费用，企业家社会资本可以培育企业良好的市场声誉，有利于减少交易时信息不对称的程度，自然也就相应降低了由此带来的交易成本。

当前关于社会资本的研究主要聚焦于组织与个体两个层面，其中企业组织层面的研究偏多。组织层面是以企业为社会网络中的节点和行动主体，个体层面则是将企业家或高层管理者作为社会资本的构建者与维系者。事实上，企业组织层面的社会资本也是由企业家或高管个体承担，是更为具体的关系网络的构成者（吴俊杰和戴勇，2013）。企业家或高管团队成员实际拥有的社会关系网络，能够对宏观层面的组织绩效产生影响（Oliver & Liebeskind，1998），也会在很大程度上决定组织层面的社会资本的构成（耿新和张体勤，2010）。

根据威廉姆斯（2006）的社会资本理论，社会资本可分为结合型社会资本和桥接型社会资本。比如，微信是结合型社会资本网络，微博则是桥接型社会资本网络。微信是基于用户已有的社会联系，在微信上联络的人很多是现实社会中的熟人。微博则不同，微博的"关注"或"粉丝"很多是陌生人（朱炜等，2014）。基于格兰诺维特（1973）提出的弱连带优势理论，认为在扩散网络中，弱势链在传播信息方面具有相对优势。根据伯特（1992）弱关系的定义，微博信息在传递过程中具有显著的"中心化"特征，即微博发布者更多处于弱关系网络的结构洞位置。因而，企业家微博承担着重要的社会资本构建与传递角色。

综上所述，研究企业家个体层面的社会资本对社会关系网络的构建更为重要。企业家通过微博好友和粉丝等构建起一个弱关系网络，网络结构理论为研究前台化行为提供了扎实的理论基础。

三、企业家前台化行为

传统意义上，企业家通过制定战略、影响内部管理等后台行为来影响企业价值。消费者或者投资者对于企业的认知一般仅限于企业产品和服务本身。但随着社会信息化程度不断提高，互联网时代的到来对企业的经营管理产生了巨大冲击，企业家的角色也正发生改变。越来越多的企业家个体从企业的幕后走向前台（Nguyen，2015），积极主动地与公众沟通，谓之为前台化行为（front-stage behaviors）（Goffman，1959）。例如，格力电器董事长董明珠等为企业代言就是典型的前台化行为。前台化包括慈善捐款、演讲讲座、广告代言、自媒体（如微博、微信）信息发布、书籍出版、参与电视节目等（黄静等，2013）。企业家微博属于前台化行为的一种。

前台化行为的研究始于企业家形象。葛建华和冯云霞（2011）指出，企业家公众形象是通过企业家、媒体与公众三者的互动而构建起来的，企业家的媒体呈现对其所在企业的形象和声誉都有正面影响。企业家个人的性格魅力、形象声誉及象征权力对企业绩效（Rajagopalan & Datta，1996）、企业效率（Fanelli & Misangyi，2006；Waldman et al.，2001）、消费者购买（Dong & Bruce，2004）及财务分析师的股票推荐（Gaines-Ross，2000）都有着积极正向的影响。尽管企业家前台化与企业家形象密不可分，但两者仍有所差别。一方面，良好形象并不等价于"高调"的前台化行为。在中国传统文化中，低调甚至被认为是优点。事实上，有些企业家的确相当低调，如贸易战之前，华为任正非先生就极少接受媒体采访。另一方面，良好形象是企业家个人特征（如性格、受教育程度、为人处世的态度及企业经营之道等）的综合反映，而是否开通个人微博则是企业家的行为选择。企业家树立良好的形象有助于企业的发展已经得到实务界与理论界的共识，但企业家是否有必要"高调"地出现在社会公众面前实施前台化则尚无定论。由于其特殊的身份、背景及商业才能，企业家曝光在大众面前要承担较大的风险与成本。现实生活中，一些企业家愿意从幕后走向台前，其背后的动机及产生的经济后果值得探究。

现有前台化文献主要是对企业家的广告代言、慈善活动及媒体曝光的研究。在广告代言方面，有研究发现相比其他类型的代言人，CEO 作为代言人的企业，消费者对产品的购买意愿更高，信任度更高（Rubin et al.，1981）。若企业家代言的是技术性或复杂产品则效果更好（Freiden，1984）。在慈善捐款方面，企业家的慈善行为会影响消费者的购买意向，不同类型的慈善行为（捐时间和捐钱）会让消费者感知不同（黄静等，2012）。媒体曝光方面的研究相对较多，如邦（Bang，2016）以 1992～2002 年《财富》世界 500 强公司 CEO 为样本，发现 CEO 的媒体曝光量（尤其是正面曝光）对企业价值有显著的正向影响。相对于低曝光率企业家所在的公司，高曝光率企业家所在公司的异常收益率高出 8%；相对于较少正面曝光的企业家，较多正面曝光企业家所在公司的异常收益率高出 7%。这一研究解释了企业家前台化带来的正面影响。除企业家接受采访的报道外,传统媒体曝光较难区分是企业家的主动行为还是被动行为。

除对企业家前台化行为产生的后果进行探讨外,学者们还关注了前台化行为的方式方法。例如,企业家在公开演讲时不同的语言风格也会影响受众对其形象的评价:高形象化的语言风格带来更高水平的魅力感知(Naidoo & Lord,2008)。企业家微博不同的内容类型和情感描述方式对企业的品牌形象也有不同的作用:消费者更喜爱企业家发布个人相关信息,而不是发布企业相关信息;消费者更喜爱充满情感的企业家,而不是缺乏情感的微博(谢庆红等,2013)。

综上所述,有关企业家主动前台化的研究相对较少,且大多基于品牌声誉或消费者认知理论,缺少对企业家主动前台化行为与企业价值之间关系的研究。

第四节　文本分析技术在信息披露领域的应用

鉴于文本分析技术在本书中的广泛应用,此处对文本分析技术在信息披露领域的应用进行综述。资本市场股价中所反映的信息可以归为两类,分别是数字化的财务信息和文本化的非财务信息。相比于客观可量化的财务信息,文本化的非财务信息更难被识别与理解。近年来,随着文本分析技术的发展,更多学者关注到文本信息的重要性。非财务信息可以向外界传递公司经营管理等方面的情况,很大程度上弥补了财务信息的局限性,有助于改善信息需求方的信息环境(林乐和谢德仁,2017)。

关于公司信息披露中文本信息的度量方法普遍的做法是:首先,借助计算机文本分析技术(如机器学习法),参照词典词语设置,将文本信息中的词汇进行分类;其次,对不同类型词汇出现的次数或频率进行量化处理,以此来解读文本信息(许晨曦等,2021)。例如,安德鲁等(Andrew et al.,

2017）通过抓取年报中词汇的性质（如主动语态、隐藏动词等）来对报告进行分析。曾庆生等（2018）使用财务报告正面词汇数与负面词汇数之差除以正面词汇数与负面词汇数之和来定义财务报告语调。杨墨等（2021）以风险关联词度量年报风险披露的程度。也有部分研究借助百度 AI 平台或者腾讯 AI 平台中的"自然语言处理"接口进行量化分析（孙彤等，2021）。

文本分析技术在信息披露领域的应用主要分为文本分类和情感分析两大类。在文本分类应用中，徐巍和陈冬华（2016）借助词典法将公司微博中的信息区分为公司相关信息和无关信息，考察了公司微博的市场反应。黄宏斌等（2020）将上市公司微博中的信息区分为价值相关类信息和噪声类信息，发现价值相关类信息显著提升了分析师盈余预测的准确性，噪声类信息却与之相反。马黎珺等（2019）利用机器学习法中的支持向量机将分析师报告的文字内容分为历史语句和前瞻性语句，发现前瞻性语句的情感与报告发布后的累积超额收益显著正相关。现有情感分析研究主要关注年报中的文本语调。例如，戴维斯等（Davis et al.，2012）将上市公司季报中的盈余描述按照语调划分为乐观和悲观两类。杰加迪西等（Jegadeesh et al.，2013）使用 TF-IDF 加权方法量化了财报中管理层讨论与分析部分的情感语调，区分为肯定和否定语调。耶基尼等（Yekini et al.，2016）通过记录文本中出现积极词汇的频率来衡量叙述的语气。情感语调的影响可以分为两方面：一方面认为文本语调具有"信息效应"。例如，沈菊琴等（2022）利用文本分析技术发现，年报语调与公司财务绩效之间存在显著的倒"U"型曲线关系。许晨曦等（2021）对企业年报语调的研究发现，年报的语调与公司股价同步性有显著关系。另一方面认为文本语调具有"柠檬效应"。例如，黄等（Huang et al.，2014）分析了财务报告中与公司基本面信息不相关的文本语调，发现管理者进行语调管理是为了误导投资者，从而影响股票估值，而并未向市场传递有效信息。奥古斯塔和迪安吉利斯（Augusta & DeAngelis，2020）考察了公司意外盈余与财务文本信息语调之间的关系，研究表明当公司盈余未达到市场预期时，管理者有动机通过调整文本信息语调强化投资者的乐观预期。

综上所述，文本分析技术在信息披露领域得到了广泛的应用，随着人工智能技术的进一步发展，将会在解读信息方面具有更广阔的研究空间，为本书的开展奠定了重要的技术支撑基础。

第五节　文献评述

传统意义上，企业信息披露可以归类为强制性信息披露与自愿性信息披露，而本书创新性地提出正式信息传递与非正式信息传递。企业家微博属于非正式信息传递机制，也是自愿性信息披露的研究范畴，具有个人人格属性和新媒体的特点。在对信息披露、媒体发挥的作用以及企业家个人特征等相关研究进行梳理的基础上，发现了以下几点：（1）已有学者肯定了社交媒体在改善信息披露水平、提高股票流动性、降低股价同步性等方面的作用，但也有学者对此提出质疑，认为社交媒体存在误导投资者的行为。关于"信息效应"和"柠檬效应"的争论至今仍在延续，尚未有统一结论。现有关于社交媒体信息披露方面的研究为本书的开展奠定了扎实的理论基础。（2）早期学者们普遍关注社交媒体的信息传递作用，近年来开始转向社交媒体治理效应的研究，主要针对消费者和投资者两大视角。然而，现有研究大多关注于企业正式的信息传递机制，如财务报告或者官方公告，对企业家个人层面的非正式信息传递探讨不够，存在较大的理论空白。资本市场中信息是一个有机整体，既包括行业信息、公司信息，也包括个人信息。企业家作为公司的掌舵者，其性格特征、风险偏好等个人特质信息是非常重要的一环，不可或缺。企业家社交媒体传递的是何种信息？投资者能否利用这部分信息进行决策？这部分特质性信息能否提高企业价值？关于这些问题尚未有研究给出直接答案。（3）自媒体作为新兴媒体，有别于传统媒体，具有无法替代的特殊属性，在信息技术不断推陈出新的年代，研究自媒体的作用越来越重要。不同于媒体报道类的研究，本书关注的企业家微博是主动的媒体管理行为而非被动的媒体曝光。（4）现有对企业家个人因素的研究是从高管梯队理论及行为金融的研究范式展开，关注个人的人口统计特征或者心理属性，缺乏对企业家媒体利用行为的探究。企业家微博发布具有很强的自选择问题与内生性问题，可能与企业家个人的性格特点密切相关，后续在各章的稳健性检验中都尽可能消除内生性问题的影响，使研究结论更为可靠。(5) 现有针对数字化财务信息的经济后果研究较多，而对于文本化的非财务信息关注较少，在考察文本信息时也更加聚焦于年报中的文本信息，对于社交媒体这类非正式信息披露渠道的文本信息关注不够。本书借助文本分析技术对企业家社交媒体信息的刻画弥补了这一不足。同时，现有基于词典法和机器学习法的文本分析技术已逐步趋于成熟，为本书的开展奠定了重要的方法基础。尤其是文本语调的研究，有助于本书对高管社交媒体信息特征的刻画。上述研究的发现为本书的研究奠定了重要的基础，本书从企业家个人层面的信息传递角度出发，对企业家微博的动因及经济后果展开研究，补充了理论研究的空缺，并为企业家的行为决策提供了经验证据。

| 第三章 |

信息环境变迁

　　信息是经济社会的基础，随着信息技术的不断革新，企业面临的内外部信息环境也发生着巨大变化，从报纸、电视等传统媒体到新媒体围绕在生活的方方面面，企业的战略目标、组织结构、产品创新等都面临着新的机遇与挑战。与时俱进是现代企业的必修课，信息环境的变化如何影响企业发展是一项重要的研究课题。本章主要对信息技术的发展历史进行描述，并对我国企业面临的信息环境进行分析，从整体外部环境角度探讨企业非正式制度选择的必然与偶然。

第一节　信息技术发展历史

　　随着信息化在全球的快速发展，人们对信息的需求日益旺盛，信息技术已成为支撑和改变经济社会的根基。人类历史上总共经历过五次信息技术革命，第一次信息技术革命是在距今 35000 年至 50000 年前，标志是语言的使用，此时信息在人脑中存储与加工，再利用声波传递。第二次信息技术革命是在公元前 3500 年左右，以文字的创造为标志，这时信息第一次打破了时间和空间的限制。第三次信息技术革命是在公元 1040 年左右，标志是印刷的发明，造纸和印刷技术的发明与使用，大大提升了信息的使用范围。第四次信息技术革命产生了电话、电报、广播及电视，1837 年美国研制出第一台有线电报机，此时电磁波的发现使得通信领域发生了根本性变化，19 世纪中叶以后，电话机、电视机陆续问世，真正实现了信息的无线电传播。第五次信息技术革命是在 20 世纪 60 年代左右，主要表现是电子计算机和现代通信技术的普及与应用，集成电路计算机、电子计算机诞生。现今智能计算机已经能处理文字、声音、图像、影视等各种信息，人类社会也由工业阶段迈入信息化时代。

随着信息技术与互联网的不断发展，信息媒介也呈现出多样化的趋势。从传统的报刊书籍、电视电话到互联网、搜索引擎再到移动设备、自媒体等都成为有效的信息媒介（Fang & Peress，2009；Dougal et al.，2012；游家兴和吴静，2012）。媒体的发展可以归纳为五个阶段：第一阶段是报纸，主要得益于造纸术和印刷术的发明，使得文字消息不必依靠口口相传，而通过纸质进行传播。第二阶段是广播，主要因为留声机和无线电技术的发明与应用，它的特点是使信息不必以单一的文字形式流传，而是以声音形式进行传播。第三阶段是电视，它的变革是基于成像技术和传输技术的突破与发展，使信息更加丰富，表现为试听感受的提升。第四阶段是互联网，是信息技术的一次跨越式革命，打破了空间和时间的限制，能够满足公众对媒介个性化的需求，可以实现图像、音频、视频等形式的信息传递。第五阶段是新媒体，也就是移动互联网，得益于移动通信技术的发展，使得信息传递更加便利，也更具针对性。现如今，多平台的信息媒介使用已经完全渗透到政治、经济、文化等多领域，微观层面上影响着人们信息获取、处理及认知，宏观层面上影响着社会整体信息含量及社会发展方向。其中，自媒体的使用最为广泛。2003 年，美国首次提出"we-media"概念，中文译文为自媒体，Blog 是早期自媒体的典型应用，随后 Facebook、新浪微博、微信等应运而生，现今自媒体已经成为主流媒体。然而，关于新媒体的学术研究才刚刚起步，发文量依然相对较少，在学术研究和社会发展中影响较小，近几年才呈现出纵深发展态势。图 3.1 列示了中国知网（CNKI）在 2012～2020 年关于新媒体的文献发表数量。

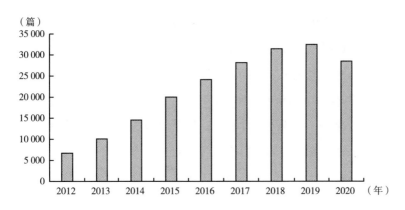

图 3.1　CNKI 2012～2020 年关于新媒体的文献数量

资料来源：中国知网。

第二节　中国信息环境的现状

　　信息是现代企业生存发展的根本，也是企业获取竞争力的核心。网络信息时代的来临，使企业外部信息环境发生重大变化（杨勇等，2004），网络信息技术也得到全面应用，影响企业的经营战略、组织架构、创新与变革等（徐世伟，2007；王学东和陈道志，2006）。从四大门户、搜索引擎到社交化网络再到移动互联网融入生活，移动社交平台已然成为人们沟通联络、传递信息的主要媒介。《中国社交媒体影响报告》显示，当下社交媒体是以用户关系和平台内容为基础形成的社交媒体生态，完全改变了人们传递信息和获取信息的方式，如抖音、微店等。

　　根据中国社会科学院新闻与传播研究所发布的《新媒体蓝皮书》，图3.2 显示了 2010～2020 年中国网民规模和互联网普及率，2010 年中国互联网的用户规模仅为 4.57 亿人，互联网普及率为 34.30%，当时，以博客为主的门户网站占据主导地位，中国还处于 3G 时代，对社交媒体的概念刚刚开始认知，移动互联网的时代尚未开启。2018 年，中国网民规模为 8.29 亿人，普及率达到 59.60%，几乎人人都拥有智能手机，社交媒体早已进入"互联

网 +"时代。2019 年，中国网民规模超越前几年达到 8.54 亿人，普及率更是达 61.2%，较 2018 年提升 1.6 个百分点，网民使用手机上网的比例更是达 99.1%，与前五年相比，移动宽带平均下载速率提升约六倍，手机上网流量资费水平降幅超 90%，且 5G 于 2019 下半年投入商用，自此 5G 网络进入万家生活。截至 2020 年 12 月，我国网民规模为 9.89 亿人，互联网普及率远超 2019 年达到 70.4%，农村网民规模也大幅提升，达到 3.09 亿人，互联网普及率为 55.9%，网络扶贫也取得实质性进展，带动贫困地区非网民加速转化。互联网新媒体高速发展，移动互联、社交媒体、数字经济成为炙手可热的词汇，舆论生态、媒体格局以及传播方式也发生了深刻变化。

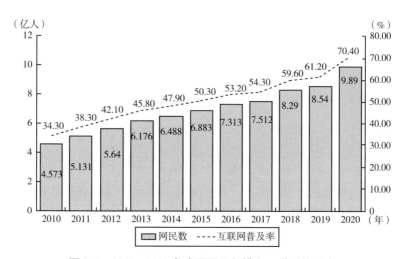

图 3.2　2010～2020 年中国网民规模和互联网普及率

资料来源：中国社会科学院新闻与传播研究所发布的《新媒体蓝皮书》。

图 3.3 列示了 2018～2020 年互联网介入设备使用情况，可以看出，网络介入终端种类多样，从传统的台式电脑、笔记本电脑逐步转向手机、平板电脑、电视等，尤其是向手机端集中。到 2020 年，我国互联网用户中使用手机上网比例达到 99.3%，台式电脑、笔记本电脑以及电视分别占 42.70%、35.10% 和 32.00%。从使用趋势上看，手机、平板电脑的使用率逐年上升，而台式电脑的使用率呈下降趋势。手机网民正是自媒体终端的重要用户组成。以上数据说明成熟的互联网介入设备已为新媒体奠定了充分的发展基础。

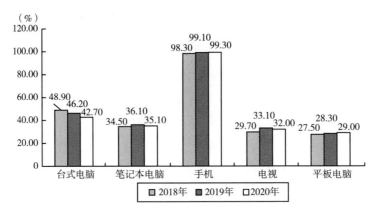

图 3.3 互联网络接入设备使用情况

资料来源：中国社会科学院新闻与传播研究所发布的《新媒体蓝皮书》。

进一步地，图 3.4 列示了 2010～2020 年手机网民规模及其比例，结果显示，2010 年，手机网民规模约为 3.03 亿人，占整体网民的比例为 66.20%，但截至 2020 年，手机网民规模约为 9.32 亿人，翻了 3 倍多，同时手机网民占整体网民的比例达到 99.30%，这意味着移动互联时代的兴盛，手机是带动网民增长的主要设备。移动互联技术的发展给新兴自媒体创造了空间与机会，人们的社交方式正发生巨大改变。同时，新媒体拥有庞大的用户使用量，给企业信息传递提供了新的选择，且属时代的必然趋势。

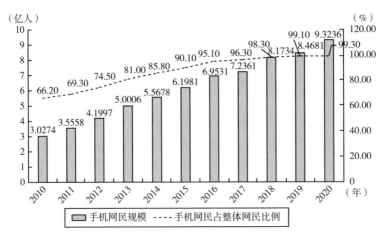

图 3.4 手机网民规模及其占网民比例

资料来源：中国社会科学院新闻与传播研究所发布的《新媒体蓝皮书》。

过去，中国互联网保持着高速发展的态势，对经济社会以及个人生活方式也产生了巨大的变革，企业互联网应用也在不断扩大，主要表现在各类企业通过互联网了解商品和服务信息、发布信息或及时消息、与政府机构保持沟通（如在线办事）以及网络招聘等。据调查，随着电子商务的迅猛发展，企业对互联网在市场经济环境、经营制度、财务、生产制造方面发挥的作用有着高度的预期。随着云计算、物联网、大数据技术的迅速崛起，多种新型服务也应运而生，不断催生着新技术、新模式，推动着传统产业的转型升级与创新融合。

从 2005 年 Blog 进入中国以来，社交媒体就成为人们沟通交流的主要媒介。2008 年 Blog 盛行，中国有 1 亿博客用户，随后 2009 年新浪微博正式上线，成为中国首个提供微博服务的门户网站。新浪微博利用其平台自身的资源优势和知名度，逐渐发展为中国最大且最具影响力的社交媒体。在经历 2011～2012 年爆发式的增长后，微博已然成为网民获取信息的重要渠道。《微博企业运营白皮书》显示，截至 2015 年 11 月，已有 96 万个认证企业入驻微博，覆盖粉丝近 6.6 亿人。截至 2017 年，仍然有日均 6 000 万用户活跃在微博上。2011 年腾讯推出微信，后面相继开发公众账号平台，引发大量机构和个人入驻，截至 2017 年初，微信公众账号有 800 万个，个人账号无数，朋友圈成为主要信息传递的平台，甚至衍生出微店、微商等销售模式。尤其到了 2020 年后，受新冠肺炎疫情的影响，线上直播发展迅速，直播带货成为店家重要的经济收入来源渠道，网络直播用户规模更是达到 6.17 亿人次，占中国网民整体的 62.4%，电商直播蓬勃发展。随后，各种社交媒体呈井喷式发展，中小社交平台无数，人们处于各类信息爆炸的时代。

第三节　本章结论

纵观人类历史长河，信息技术主要经历了五次变革，分别是语言的使用、文字的创造、印刷的发明、电磁波的发现以及电子计算机和现代通信技术的普及与应用。与此相对应，信息媒介也呈现出多样化的发展，大致可以分为两类：一类是传统大众媒介，包括报纸书刊、电话、广播、电视及互联网；另一类是新媒体，主要以移动互联网为代表。随着信息技术的不断发展，赖以生存的经济、社会、文化都在发生着翻天覆地的变化，新媒体逐渐成为人们生活中的主流交流方式。新的信息环境也给企业带来了新的机遇与挑战，改变着企业的战略决策、创新研发以及商业模式等。

从中国信息媒介的发展现状来看，微博和微信是使用率最高的社交媒体之一，很多企业都开设了企业官方微博或者微信公众号，甚至企业家个人也通过此类社交媒体与外部投资者、供应商或者消费者沟通，新媒体开启企业信息传递新的篇章。但有关新媒体的研究却凤毛麟角，无法从理论上指导企业的行为决策。截至2020年，CNKI中录入的新媒体论文不到3万篇，近5年才呈现出高速增长的态势。外部环境的巨大变化倒逼企业信息传递的重新考量，传统的信息披露理论无法完全覆盖新环境带来的种种疑惑。因此，本书余下章节基于企业家微博数据，探讨企业这一非正式信息传递机制的组织诱因，以及这一选择所带来的经济后果。

第四章

非正式信息传递机制与企业价值

首先需要解决的问题是企业家微博这一非正式信息传递机制对企业来说是否重要，本章关注企业家微博对企业价值的影响。企业家发布微博对企业来说，是利还是弊？目前尚未有研究涉及。企业家在考虑是否发布微博时，一定会权衡其收益与成本。那么，企业家微博会为企业带来何种收益？本章重点解决以下两个问题：（1）企业家微博是否有利于提升企业价值？是通过影响企业真实经营业绩还是改变企业系统性风险？（2）企业家微博到底传递了何种信息？不同的信息是否会有不同的影响？

第一节　理论分析与研究假说

一、企业家微博对企业价值的影响

企业家决策对企业发展至关重要，投资者对企业家的认知势必会影响到他们对企业家所代表的企业的认知（Zott & Huy，2007）。正是由于这种内在关联，本书认为企业家微博会对其所在企业的价值产生影响。

企业家开通微博是有成本的：第一，微博维护成本。企业家需要花费时间和精力进行微博的发布、更新、互动等。无论选择何种前台化方式，企业家本身都需要付出时间。而时间成本对于企业家这一特殊人群来说无疑是高昂的。第二，声誉绑定效应。一旦企业家选择前台化，其个人声誉与所在的企业就会更紧密地绑定在一起。当企业存在负面消息时，企业家声誉也会遭受更大的损失。同理，企业家个人负面消息也会传导到所在的企业。第三，信息曝光风险。"谦逊内敛"是中国文化的重要特征。具有一定社会资本的人更不想曝光于人前，披露更多的私人信息意味着更大的风险（包括人身安全风险、财产安全风险、合作风险等）。综上所述，企业家在考虑是否走向"前台"时，一定会权衡其收益与成本。那么，企业家发布微博的收益表现在哪里？是否会提升其所在企业的价值？如会提升，具体的路径又是什么？这是本书研究的出发点和关心的主要问题。

企业家微博有助于降低企业和企业家与包括投资者在内的公众之间的信息不对称。一方面，企业家可以通过微博向外传递信息，这些信息包括企业相关信息（如宣传企业新产品或新服务、解释企业战略选择等）与个人相关信息（如兴趣爱好、时事见解、心情感悟等）。企业相关信息除对官方信息的重复外，还可以用更加通俗化、个性化的语言进行解释说明，有效降低代理成本与沟通成本。个人相关信息可以帮助投资者或者合作方了解企业掌舵者的个人特征与行为逻辑，对于影响公司未来发展的战略决策、风险偏好等有更深刻的认知，从而对企业的发展有更准确地预期。譬如，2014 年 12 月 16 日，在聚美优品陷入假货风波后，作为聚美优品创始人兼 CEO 的陈欧在其个人微博中发文——《你永远不知道，陈欧这半年在做什么》。微博中陈欧声情并茂地阐述了聚美优品经营过程中的坚持与困难，并解释了假货相关的质疑与公司上市后所进行的重要业务转型。在随后的两个交易日，聚美股价止跌反弹，分别上涨 7.96% 和 11.5%。因此，有网友总结此次事件为"一条微博恢复了聚美优品 10 亿元市值"[①]。另一方面，由于微博的互动是双向的，通过关注、互粉等形成的弱关系网络，为企

---

① 央视网. 史上最值钱的微博：陈欧一条微博给聚美恢复 10 亿市值［EB/OL］. http://jingji.cntv.cn/2014/12/19/ARTI1418948180344859.shtml.

业家提供了更加丰富的信息渠道。粉丝之间的信息和知识资源具有相当程度的差异性，这种异质性的知识和信息使得企业家可以及时了解投资者和消费者的反馈、同行业的评价或者发展建议等。这些新信息扩展了企业家的决策信息集。这一双向信息传递机制，可以有效缓解企业与市场之间的信息不对称。

　　股价发挥资源配置作用的基本前提是其可以反映公司内在价值或真实价值，这就要求投资者等市场参与者能够尽可能获取关于公司内在价值的信息，并通过市场交易反馈至股价中。反映公司内在价值的信息既包括公司层面的特质性信息，也包括高管个人层面的特质性信息（Schopohl et al.，2021；刘艳霞和祁怀锦，2019；徐尚昆等，2020）。企业家微博带来的信息不对称降低进而会影响到企业价值。首先，瑞诗卡等（Rishika et al.，2013）研究指出投资者和消费者如果经常接到企业相关信息，就会更青睐于该企业。因此，如果企业家通过微博定期推送信息给粉丝，就会使消费者和投资者对所在企业持有更积极的态度，从而提升企业价值。同时，基于现有文献（谢庆红等，2013），消费者对发布个人相关微博的企业家评价更高。对企业家的认同与信任有助于企业产品的接受度，对企业经营活动现金流量应该有正面的影响。其次，无论是对企业相关信息还是企业家个人信息的传递，都会使得投资者更加了解企业及其经营者，对企业家的行为决策有更准确的预测，从而减少未识别到的风险感知，进而提高企业价值。再次，企业家微博也可以传递那些不便于通过企业官方渠道传递的"隐性"信息，如企业家个人所拥有的社会资本等。通过微博的互动，投资者对这些"隐性"信息也会进行解读，从而增强对企业家所在公司的信心（Toombs & Harlow，2014），对企业价值产生正面影响。最后，微博属于社交媒体，具有媒体属性。新媒体环境下，企业不会甘心任由第三方媒体进行报道，而是会采取主动策略来管理媒体渠道和公司舆情（吴璇等，2017），通过向投资者主动推送信息，一方面可以降低投资者的信息搜寻成本，缓解投资者非理性情绪，增加信息透明度；另一方面也有助于建立更加有效的信息环境，具有积极的资本市场效应（Beyer et al.，2010；何玉和张天西，2006），如提升股票流动性、降低融资成本等。移动互联网时代微博、微信等工具的出现使得高效率协同和一致行动变得简单，企业家微博发布后，会迅速得到关注，并且引发一系列的转发、点赞和评论行为，这些行为都会进一步加剧信息传递的深度与广度，无疑扩大了信息传播的影响力。

基于此，提出以下假说：

H4.1：其他条件相同时，企业家微博发布有助于提升公司价值。

二、企业家微博传递的信息内容

微博披露的信息主要是一些定性的"非财务信息"，相对于定量的财务信息而言，这些"非财务信息"缺乏标准，涉及范围广，主要可以分为两类：一类是与公司日常经营管理相关的信息（本书称之为"披露式微博"），比如新产品推广、重要事件公告等；另一类是与公司经营管理无关的信息（本书称之为"个性化微博"），只涉及个人兴趣爱好、心情感悟等内容。个人微博带有更多的个人色彩，相对于企业官方微博传递的信息内容更加丰富，投资者可获取的信息会更加多元，透过企业家人格化特征可以更好地了解企业经营和决策风格（Obschonka et al.，2017）。

企业家微博作为非正式信息渠道，披露的增量信息有助于市场更好地理解企业家及企业家决策。企业家微博中披露式内容大多为企业官方渠道信息的重复，因而信息增量作用微弱。相反，个性化微博不同于企业官方微博，传递的更多是与企业家个人特征相关的信息。当企业家微博发布更多个性化信息时，外界对其个人的认知会更多，有些人还会成为其微博粉丝或企业产品的拥趸。同时，企业家通过微博与粉丝互动，会拉近双方的心理距离，随着互动次数的增多，信任度也会随之增加（Elliott et al.，2018）。对企业家的认知与信任可以帮助投资者对企业决策有更好的理解，从而降低投资者感知到的风险。股票价格建立在投资者对公司未来现金流和风险预期的基础上，因而投资者感知到的风险最终会传导到股价以及股价的实际波动中。

基于以上分析，提出以下假说：

H4.2：其他条件相同时，企业家微博中个性化信息所占比例越高，企业价值越高。

美国社会学家科尔曼（Coleman）从功能主义的角度来定义社会资本。他认为，社会资本就是个人拥有的、表现为社会结构资源的资本财产，它们由构成社会结构的要素组成，主要存在于人际关系和社会结构中，并为社会结构内部的个人行动提供便利。社会资本的表现形式有义务与期望、信息网络、规范与有效惩罚、权威关系、多功能社会组织和有意创建的社会组织等。企业家社会资本是指企业家个人拥有的关系网络以及通过这些关系网络可获得的、衍生出的现实和潜在的资源总和（Nahapiet & Ghoshal，1998）。企业家社会资本是企业发展创造过程中的重要资源，尤其在中国，"关系"被认为是影响企业价值的重要变量（陆瑶和胡江燕，2014；翟胜宝等，2014；王永跃和段锦云，2015）。企业家微博可以传递企业家个人具有的社会资本，由于微博中可以艾特（@）其他用户，这一行为本身就具有信息含量，即向外部信息使用者传递企业家与艾特用户之间存在某种联系或者关系。另外，企业家微博中艾特他人越多，说明企业家定向传递信息的意愿也更强烈。当企业家传递更多个人社会资本信息时，投资者会根据这些信息给予企业更高的估值。

基于此，提出以下假说：

H4.3：其他条件相同时，企业家微博中艾特（@）的人数越多，企业价值越高。

企业经营过程中，会遇到各种困难。企业家的正能量非常重要。企业家的信念、立场和人格会影响企业员工、投资者、供应商和客户对企业及企业家的认知与判断。积极、乐观、向上的企业家形象有助于企业价值实现。积极、乐观、向上的企业家在微博发布的信息中更可能使用正面的语调。迪克等（Dyck et al.，2008）在研究中指出，媒体报道语调（正面或负面语气）会不同程度地影响投资者，进而改变资产价格。迪克等（2008）基于传统媒体的结论可以外推至自媒体。

基于此，提出以下假说：

H4.4：其他条件相同时，企业家微博中正面语调的微博比例越高，企业价值越高。

第二节 研究设计

一、样本选择与数据来源

本章以 A 股所有上市公司为研究对象，将实际控制人、董事长、CEO 定义为企业家。考察 2010～2017 年企业家微博对公司价值的影响。财务数据来自 CSMAR 数据库，企业家微博数据借助爬虫手段获取。为保证数据有效性并消除异常值的影响，对主要的连续变量进行 1% 的缩尾（winsorize）处理。考虑到信息的时效性和财务数据的可得性，实证检验中本章使用季度数据。具体数据获取及处理过程如下。

（1）企业家姓名数据来源于 CSMAR、锐思及 Wind 数据库三者的整合，企业财务数据来源于锐思数据库。

（2）以企业家姓名为关键词在新浪微博的找人页面进行搜索，通过 Python 语言编写爬虫程序获取用户账号及其认证信息。前期进行了一轮小范围的试错检验，将编写的程序先实验 20 个账号，之后进行人工查错和检验，根据出现的问题完善程序，再执行全面的数据提取。考虑到信息收集的官方性与权威性，仅将含有上市公司名称或简称并且成为微博认证的"大 V"用户界定为开通微博的企业家。

（3）根据爬取的用户个人信息页面，再次人工审核该微博用户是否为企业家的微博账号。剔除部分信息不完备、账号清空或者没有发布任何信息的微博账号后，最终筛选得到 246 个 A 股上市企业中具有"大 V"认证的企业家微博账号。

（4）根据企业家的微博账号，利用 Python 抓取所有微博数据，截取 2010 年 1 月 1 日（新浪微博于 2009 年 8 月成立）到 2017 年 12 月 31 日间企业家发布的微博内容、发布时间以及每条微博点赞数、评论数、转发数。剔除微博发布时间不在该区间的账号，最终获得 386 465 条企业家的微博数据。

（5）将企业家微博数据与企业财务数据进行整合匹配。

二、模型构建与变量定义

首先，检验企业家微博发布是否如预期那样提高了企业的价值，构建模型（4.1）：

$$Valuation_{it} = \beta_0 + \beta_1 Wb_{it} + \beta_2 Controls_{it} + Industry\_dummy + Time\_dummy + \varepsilon_{it}$$

（4.1）

其中，因变量 Valuation 为代表企业价值的指标 Tobin's Q；自变量 Wb 为企业家前台化的替代指标。具体地，当企业家该季度发布微博数量大于 1 条时，Wb 取值为 1，否则取值为 0，企业家未开通微博的也取值为 0；β_0 为常数项，β_1、β_2 为回归系数；Controls 表示其他控制变量；ε 为随机扰动项。根据 H4.1，企业家微博有利于提高企业价值，预期 β_1 显著为正。将 Wb 替换为微博发布条数（Wb_num），评论条数（Comment）、转发条数（Transmit）或点赞数（Likenum），预期 β_1 仍显著为正。

控制变量方面，借鉴已有文献（Uyar et al.，2018；Bang，2016；张倩倩等，2017），控制了企业规模（Size）、资产负债率（Lev）、净资产净利率（ROE）、收入增长率（Growth）、企业上市时间（Fage）、大股东持股比例（Ownership）及企业性质（SOE）。另外，为控制企业官方微博的影响（何贤杰等，2016），加入了企业官方微博这一控制变量（Firmwb）。

进一步地，公司价值取决于投资者对企业未来现金流和风险的预期。企业家微博提升公司价值有两个渠道：一是提高公司的经营性现金流；二是降低公司的系统性风险，即折现率。为检验企业家微博对企业价值的影响是通过改变企业经营性现金流还是影响企业系统性风险，分别对模型（4.2）和模型（4.3）进行回归分析：

$$CFO_{it} = \beta_0 + \beta_1 Wb_{it} + \beta_2 Controls_{it} + Industry\_dummy + Time\_dummy + \varepsilon_{it}$$

（4.2）

$$Beta_{it} = \beta_0 + \beta_1 Wb_{it} + \beta_2 Controls_{it} + Industry\_dummy + Time\_dummy + \varepsilon_{it}$$

$$(4.3)$$

其中，CFO 代表经营性现金流量；Beta 代表企业系统性风险。控制变量有企业规模（Size）、资产负债率（Lev）、收入增长率（Growth）、企业上市时间（Fage）、大股东持股比例（Ownership）、企业性质（SOE）及企业官方微博（Firmwb）。

最后，H4.2 至 H4.4 的检验需要对微博内容进行进一步分析：（1）根据每条微博内容将包含企业信息的微博定义为披露式微博，否则定义为个性化微博。参考徐巍与陈冬华（2016）的做法，依据 102 个与企业相关的关键词（如"签约""投资"等与业务相关的关键词，"收入""业绩"等与财务相关的关键词，"研发""开发"等与研发相关的关键词，"荣誉""喜获"等与声誉相关的关键词等），区分出微博信息是否与企业相关联。Personal 代表个性化微博条数占比。（2）根据企业家微博中艾特（@）他人的情况，将 At 定义为艾特的人数。（3）参考詹纳斯等（Jenders et al.，2013）对推特的情感倾向分析，将个性化微博的信息内容按照情感的积极和消极倾向区分为"正向"和"负向"，为了保证数据的客观性和可验证性，使用百度 AI 开放平台中的"情感倾向分析"接口对企业家微博情感倾向进行评分，当"正向"概率大于"负向"概率时定义为正向情感倾向，反之为负向情感倾向。Positive 代表每个企业家该季度正向情感倾向的微博条数占比。

定义了上述变量后，根据 H4.2 至 H4.4，构建模型（4.4）~模型（4.6），预期模型（4.4）~模型（4.6）中 β_1 均显著为正。

$$Valuation_{it} = \beta_0 + \beta_1 Personal_{it} + \beta_3 Controls_{it} + Industry\_dummy$$
$$+ Time\_dummy + \varepsilon_{it} \qquad (4.4)$$

$$Valuation_{it} = \beta_0 + \beta_1 At_{it} + \beta_2 Controls_{it} + Industry\_dummy + Time\_dummy + \varepsilon_{it}$$

$$(4.5)$$

$$Valuation_{it} = \beta_0 + \beta_1 Positive_{it} + \beta_2 Controls_{it} + Industry\_dummy$$
$$+ Time\_dummy + \varepsilon_{it} \qquad (4.6)$$

以上各模型均加入行业固定效应和时间固定效应，并采用公司聚类方式进行异方差调整，得到的是稳健的标准差估计值。具体变量定义和计算方法见表4.1。

表4.1 主要变量定义

变量名称	变量代码	变量定义
托宾 Q 值	Tobin's Q	(股票市值 + 负债市值)/总资产
经营性现金流量	CFO	经营活动产生的现金流量净额/总资产
系统性风险	Beta	根据资本资产定价模型，使用 $t-1$ 季度的日交易数据计算所得
前台化哑变量	Wb	哑变量：企业家当季发布至少 1 条微博则取值为 1，否则为 0
微博发布条数	Wb_Num	Log（1 + 当季企业家累计发布微博条数）
评论条数	Comment	Log（1 + 当季企业家微博的评论条数）
转发条数	Transmit	Log（1 + 当季企业家微博的转发条数）
点赞条数	Likenum	Log（1 + 当季企业家微博的点赞条数）
个性化微博比例	Personal	当季企业家累计发布的个性化微博条数占总微博发布条数的比例
艾特人数	At	当季企业家微博中累计艾特（@）的人数
正向语调比例	Positive	当季企业家累计发布的正向情感倾向的微博条数占总微博发布条数的比例
企业规模	Size	期末总资产取自然对数
资产负债率	Lev	总负债/总资产
净资产净利率	ROE	净利润/净资产
收入增长率	Growth	(本期主营业务收入 – 上期主营业务收入)/上期主营业务收入
企业上市时间	Fage	企业上市时长，以季度为单位计算
大股东持股比例	Ownership	第一大股东持股比例
企业性质	SOE	哑变量：国有企业取值为 1，否则为 0
企业官方微博	Firmwb	哑变量：存在企业官方微博取值为 1，否则为 0

三、样本描述性分析

（一）样本描述

在对企业家微博与企业价值之间关系的检验之前，本书先对企业家发布微博的样本进行了描述性统计，分为两个方面，分别是企业家开通微博的时间描述以及发布微博的企业家所属行业描述。

图 4.1 描述了企业家开通微博的时间，以季度为单位。结果显示，企业家微博开通数量在 2010 ~ 2011 年呈急剧增长态势，此时也是新浪微博使用率高峰期，2012 年后随着微信的兴起，企业家新开通微博的数量也骤然下跌，每年新增人数维持在 5 以内。截至 2017 年底，据本书统计，拥有新浪微博的企业家人数为 246 人，其中剔除：（1）未经过新浪微博"大 V"认证；（2）总发布条数少于 10 条；（3）清空微博内容的账号。

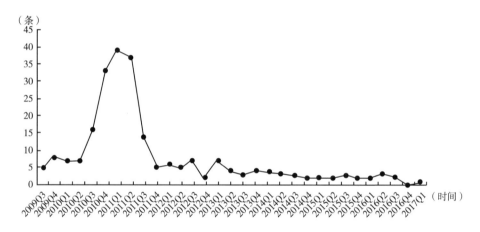

图 4.1　2009 ~ 2017 年企业家新发布微博数量

资料来源：作者搜集整理。

观察发布微博的企业家所属行业分布情况，表 4.2 列示了企业家发布微博的前五大行业，统计发现高科技企业（包括计算机相关行业、电子行业、信息技术行业、生物制药行业及通信行业）中的企业家更倾向于发布微博。其中，软件和信息技术服务业的企业家人数最多（26 人），其次为计算机、通信和其他电子设备制造业（25 人），再次为互联网和相关服务（17 人）。传统行业中企业家发布微博相对较少。企业家发布微博最多的前五大行业涉及的人数占全部发布微博企业家人数的 38%。

表4.2　　　　　　　　企业家发布微博的前五大行业

证监会行业大类名称	企业家人数（人）
软件和信息技术服务业	26
计算机、通信和其他电子设备制造业	25
互联网和相关服务业	17
电气机械和器材制造业	14
零售业	11
合计	93

（二）变量的描述性统计

表4.3 的 Panel A 为因变量和控制变量的描述性统计，列（1）显示了全样本的变量均值及标准差，列（2）显示未发布微博样本的变量均值，列（3）显示发布微博样本的变量均值，最后一列为未发布微博样本与发布微博样本的均值 T 检验结果。由列（1）可知，Wb 的均值为 0.041，标准差为 0.679，说明企业家发布微博的样本占总样本的 4.1%。由列（2）和列（3）的结果可知，发布微博的样本中，Tobin's Q 的均值为 4.087，未发布微博的样本中，Tobin's Q 的均值为 2.698。最后一列结果显示，相比未发布微博的样本，企业家发布微博样本的 Tobin's Q 平均高出 1.389，差异在 1% 水平上通过显著性检验。进一步地，未发布微博样本与发布微博样本在企业系统性风险（Beta）上存在显著差异，两者均值差异为 0.019，在 5% 水平上通过显著性检验。这初步说明企业家前台化与企业价值正相关，与企业系统性风险负相关。

表4.3　　　　　　　　　主要变量描述性统计

Panel A：样本描述性统计

Variable	(1)　全样本　Obs = 80 534		(2)　未发布微博样本　Obs = 77 219	(3)　发布微博样本　Obs = 3 315	(2) - (3)　均值 T 检验
	Mean	Std. Dev	Mean	Mean	
Tobin's Q	2.7552	2.5263	2.6981	4.0872	- 1.3891 ***
CFO	0.0163	0.0832	0.0163	0.0164	0.0001
Beta	1.0317	0.4282	1.0323	1.0135	0.0188 **

Panel A：样本描述性统计

Variable	(1) 全样本 Obs = 80 534		(2) 未发布微博样本 Obs = 77 219	(3) 发布微博样本 Obs = 3 315	(2) - (3) 均值 T 检验
	Mean	Std. Dev	Mean	Mean	
Wb	0.0412	0.6798	0.0000	1.0000	
Size	21.4030	1.8703	21.3957	21.5991	- 0.2034 ***
Lev	0.4362	0.2222	0.4389	0.3654	0.0735 ***
ROE	0.0613	0.1027	0.0613	0.0699	- 0.0086 ***
Growth	0.1664	0.7276	0.1664	0.1577	0.0087
Fage	183.9121	29.3888	183.6953	188.9662	- 5.2709 ***
Ownership	0.3623	0.1582	0.3623	0.3641	- 0.0018
SOE	0.3086	0.4637	0.3150	0.1489	0.1661 ***
Firmwb	0.2791	0.4465	0.2668	0.5862	- 0.3194 ***

Panel B：企业家微博描述性统计

Variable	Mean	Std. Dev	Min	Max
Wb_num	2.0334	2.0667	0.0000	6.9374
Transmit	2.7365	3.1927	0.0000	11.7501
Likenum	1.7854	2.5543	0.0000	11.0987
Comment	2.7195	2.9986	0.0000	11.7099
Personal	0.6772	0.2751	0.0000	1.0000
At	17.4754	57.4501	0.0000	561.0000
Positive	0.7241	0.2234	0.0000	1.0000

注：*、**、*** 分别表示在 10%、5%、1% 的置信水平上显著（双尾检验）。

控制变量上，列（2）结果显示，在企业家未发布微博的样本中，公司规模（Size）的均值为 21.396，资产负债率（Lev）的均值为 0.439，净资产净利率（ROE）的均值为 0.061，收入增长率（Growth）的均值为 0.166，企业上市时间（Fage）的均值为 183.695，大股东持股比率（Ownership）的均值为 0.362，企业性质（SOE）的均值为 0.315，是否存在企业官方微博（Firmwb）的均值为 0.267。列（3）结果显示，在企业家发布微博的样本中，公司规模（Size）的均值为 21.599，资产负债率（Lev）的均值为 0.365，净资产净利率（ROE）的均值为 0.070，收入增长率（Growth）的均值为 0.158，企业上市时间（Fage）的均值为 188.966，大股东持股比率（Ownership）的均值为 0.364，企业性质（SOE）的均值为 0.149，是否存在企业官方微博（Firmwb）的均值为 0.586。列（2）与列（3）在企业规模、资产负债率、净资产净利率、企业上市时间、企业性质以及是否有官方微博指标上均具有显著差异，均值 T 检验结果均通过 1% 水平的显著性检验。从控制变量整体分布情况来看，基本符合正态分布特征并在样本期间内呈现一定的差异性。

Panel B 仅针对企业家发布微博的样本，对微博相关变量进行了描述性统计。结果显示，样本期间企业家人均季度微博发布条数约 60 条，转发条数约 3 123 条，点赞条数约 1 211 条，评论条数约 2 393 条。对数化再取均值后，Wb_num、Transmit、Likenum、Comment 的均值分别为 2.03、2.74、1.79 和 2.72。其中，个性化微博占比（Personal）平均为 67.72%，正向语调微博占比（Positive）的均值为 72.41%，平均艾特（At）17 人。而且，每个企业家之间存在一定程度的差异。

（三）主要变量相关系数

表 4.4 报告了主要变量的 Pearson 相关系数。相关系数表显示，企业家微博发布（Wb）与企业价值（Tobin's Q）的相关系数为 0.090，且在 1% 的显著性水平上。该相关系数结果与本书的假设一致。在公司财务特征方面，公司盈利能力越强，财务杠杆水平越低，规模越小，成长性越强，上市时间越短，大股东持股比例越低。若是民营企业，则相应的企业价值越大。此外，官方微博（Firmwb）与企业价值的相关系数为 0.073，且在 1% 水平上通过显著性检验。企业家是否发布微博（Wb）与企业规模、资产负债率、盈利能力、上市时间、企业性质以及企业是否开通官方微博均存在一定程度的相关性，且均在 1% 水平上显著。控制变量中各相关系数的绝对值均未超过 0.4，且自变量和控制变量之间不存在多重共线性问题。上述相关系数检验一定程度上佐证了本书的假说，但由于并未控制其他因素的影响，需要进一步借助多元回归进行检验和分析。

表4.4

主要变量相关系数表

变量	Tobin's Q	CFO	Beta	Wb	Size	Lev	ROE	Growth	Fix	Dividend	Ownership	Firmwb
Tobin's Q	1.000											
CFO	0.056***	1.000										
Beta	-0.054***	-0.053***	1.000									
Wb	0.090***	-0.001	-0.008**	1.000								
Size	-0.058***	0.012***	0.062***	0.017***	1.000							
Lev	-0.267***	-0.035***	0.009**	-0.053***	0.360***	1.000						
ROE	0.103***	0.371***	-0.024***	0.015***	-0.085***	-0.075***	1.000					
Growth	0.021***	0.023***	-0.013***	-0.002	-0.030***	0.031***	0.087***	1.000				
Fage	-0.068***	0.041***	0.026***	0.029***	-0.453***	-0.308***	0.223***	-0.012***	1.000			
Ownership	-0.159***	0.129***	-0.005	0.002	0.141	0.049***	0.180***	-0.004	0122***	1.000		
SOE	-0.220***	-0.011***	0.001	-0.057***	-0.285***	0.104***	0.057***	-0.002	0.143***	0.082***	1.000	
Firmwb	0.073***	0.010***	-0.022***	0.123***	0.133***	-0.044***	0.058***	-0.001	-0.001	-0.013***	-0.131***	1.000

注：表格中为 Pearson 相关系数。*、**、***分别表示在10%、5%、1%的置信水平上显著。

第三节　实证分析

一、企业家微博与企业价值

本书采用两种方法观察企业家微博对企业价值的影响变化：一是对开通微博的样本在开通微博的季度和未开通微博的季度进行企业价值对比；二是对开通微博样本在开通前后进行企业价值对比。结果见表4.5。表4.5 的 Panel A 比较了开通微博样本在发布微博季度和未发布微博季度的企业价值是否存在差异。结果显示，发布微博的季度企业价值平均高出 0.367，在5%水平上显著。Panel B 比较了前台化样本在开通微博前后四个季度的企业价值差异，结果表明，同一家公司，在企业家开通微博后，企业价值平均上升了0.498，且该差异通过1%水平的显著性检验。表4.5 结果初步佐证企业家发布微博有助于提升企业价值。

表4.5　　　　　　企业家微博发布与企业价值：单变量检验

Panel A：前台化样本是否发布微博对比

变量	未发布微博季度		发布微博季度		MeanDiff
	样本	均值	样本	均值	
Tobin's Q	246	4.207	246	4.574	-0.367 ** (-2.26)

Panel B：前台化样本开通前后对比

变量	开通微博前四个季度		开通微博后四个季度		MeanDiff
	样本	均值	样本	均值	
Tobin's Q	958	3.082	971	3.580	-0.498 *** (-2.69)

注：Panel A 的样本数为开通微博的企业家个数，比较同一个企业家在开通微博后，发布微博季度与未发布微博季度的企业价值差异。Panel B 比较的是企业家开通微博前后各四个季度企业 Tobin's Q 的均值差异，由于企业家开通微博时间不一致，部分企业家在开通微博时，企业上市还不到四个季度，所以不满四个季度的数据；同理，有些企业家开通微博较晚，到我们样本截至日期，还不满四个季度。*、**、*** 分别表示在10%、5%、1%的置信水平上显著（双尾检验）。

是否发布微博可能是一个选择性行为。一方面，市场对企业信息需求较多的企业中的企业家更倾向于发布微博；另一方面，具有某些特质的企业家更倾向于站在台前发布微博，比如年轻、能力强、性格外向等。这一自选择使得有企业家开通微博的上市公司和其他公司之间可能存在系统性的差异。本书初步解决的方法是使用倾向得分匹配（PSM）的方法。将企业家开通微博的样本作为实验组，对其进行配对生成对照组，匹配原则是根据表4.3中T检验的结果，选取企业规模、资产负债率、企业上市时间、企业性质以及企业官方微博这些具有显著差异的变量，同时加入代表企业家特征的变量。余明桂等（2013）指出，代表企业家个人特征的变量主要有性别、年龄及受教育程度，且这三个变量一定程度上可以代表企业家个人能力和心理特征。因而本书同时加入企业家性别（Male，男性取值为1，女性取值为0）、年龄（Age，企业家实际年龄）及受教育程度（Education，本科及以上学历取值为1，本科以下学历取值为0）这三个企业家个体特征变量。本书在控制行业和时间的基础上进行1∶1近邻匹配，匹配后得到3 315个实验组数据与3 315个对照组数据。

图4.2描绘了PSM过程中平行趋势检验结果。结果显示，匹配后所有变量的标准化偏差（%bias）均小于10%，所有变量t检验的结果不拒绝处理组与控制组无系统差异的原假设，对比匹配前的结果标准化偏差均大幅缩小，满足平行趋势假定。

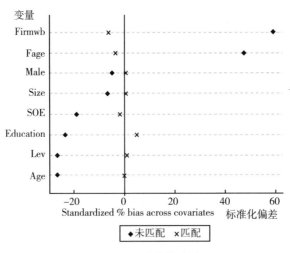

图4.2 平行趋势检验结果

表 4.6 报告了假说 H4.1 的检验结果，列（1）~（3）是基于全样本的回归结果，列（4）~（6）是基于 PSM 匹配后样本的回归结果。列（1）结果显示：相对于企业家未发布微博的样本来说，企业家发布微博有利于提升企业价值，自变量 Wb 的回归系数为 0.539，在 1% 的水平上显著。经济显著性方面，通过计算边际效应发现，当控制其他变量在均值水平上时，Wb 从 0 变化为 1，Tobin's Q 从 3.175 提升到 3.714，增加幅度达 16.98%。这一结果验证了假说 H4.1，即在其他条件不变的情况下，企业家微博有利于企业价值的提升。控制变量方面，Size 的回归系数为 -1.028，且该系数在 1% 水平上通过显著性检验；Lev 的回归系数为 -0.370，该系数在 5% 水平上显著；ROE 的回归系数为 3.742，通过 1% 显著性水平检验；Growth 的回归系数为 0.074，在 1% 水平上显著；Fage 的回归系数为 -0.003，且在 5% 水平上显著；Ownership 的回归系数为 0.197，未通过 10% 水平显著性检验；SOE 的回归系数为 0.145，且在 5% 水平上显著；Firmwb 的回归系数为 0.173，且通过 1% 水平显著性检验。结果说明，企业规模、资产负债率及企业上市时间越高，企业价值下降越明显，盈利能力、成长能力、大股东持股比例、企业性质及拥有企业官方微博越高，越有利于提升企业价值。

表 4.6 企业家微博对企业价值的影响

Variable	(1) Tobin's Q	(2) CFO	(3) Beta	(4) Tobin's Q	(5) CFO	(6) Beta
Wb	0.539 *** (2.90)	0.007 * (1.82)	-0.018 * (-1.74)	1.010 *** (4.02)	0.009 * (1.92)	-0.036 * (-1.72)
Size	-1.028 *** (-24.61)	0.005 *** (8.61)	0.013 *** (4.89)	-0.878 *** (-6.43)	0.006 * (1.71)	-0.003 (-0.21)
Lev	-0.370 ** (-2.23)	-0.035 *** (-10.47)	-0.031 ** (-2.26)	-1.114 (-1.07)	-0.036 ** (-2.24)	0.050 (0.74)
ROE	3.742 *** (12.20)			8.362 *** (5.18)		
Growth	0.074 *** (5.55)	-0.002 *** (-3.45)	-0.010 *** (-5.02)	0.001 (0.79)	-0.000 * (-1.71)	-0.001 *** (-3.62)

Variable	(1) Tobin's Q	(2) CFO	(3) Beta	(4) Tobin's Q	(5) CFO	(6) Beta
Fage	−0.003 ** (−2.33)	−0.000 ** (−2.47)	0.000 (0.09)	−0.007 (−0.55)	−0.000 (−1.31)	−0.001 (−0.71)
Ownership	0.197 (1.22)	0.018 *** (4.21)	−0.017 (−1.07)	−1.032 (−1.35)	0.014 (0.74)	−0.080 (−1.00)
SOE	0.145 ** (2.58)	−0.004 *** (−2.94)	0.003 (0.63)	−0.051 (−0.18)	−0.004 (−0.69)	0.059 ** (2.02)
Firmwb	0.173 *** (3.03)	−0.000 (−0.01)	−0.012 ** (−2.30)	−0.097 (−0.41)	−0.002 (−0.29)	0.028 (0.89)
Constant	25.486 *** (21.21)	−0.068 *** (−4.11)	0.775 *** (12.04)	22.942 *** (5.52)	−0.105 (−1.28)	1.235 *** (3.26)
Industry effect	Yes	Yes	Yes	Yes	Yes	Yes
Time effect	Yes	Yes	Yes	Yes	Yes	Yes
Obs	80 534	80 534	80 534	6 630	6 630	6 630
R-squared	0.46	0.16	0.31	0.41	0.19	0.17

注：所有回归系数估计值都使用异方差调整和公司聚类（clustering）调整得到的稳健性标准误。括号中数字为对应的 t 值。*、**、*** 分别表示在 10%、5%、1% 的置信水平上显著（双尾检验）。

表 4.6 列（4）基于 PSM 的结果显示：即使在控制公司及企业家层面的基本面后，相对于企业家没有发布微博的企业，企业家发布微博的企业通常表现更好，其公司价值相对更高（Wb 的系数为 1.010，且通过 1% 的显著性水平检验）。经济显著性方面，在控制了其他影响因素后，企业家发布微博，其所在企业价值可以增加 1.010，给定企业家未发布微博的 Tobin's Q 均值为 2.698，则提高幅度达 37.44%（=1.010/2.698 =38.95%）。可见，企业家微博对企业价值的影响不仅在统计上显著，在经济上的影响也非常重要。控制变量方面与列（1）结果基本保持一致。

表 4.6 列（2）和列（5）分别报告了全样本和配对样本中，企业家微博对经营现金流量的影响，结果显示，Wb 的回归系数分别为 0.007 和 0.009，均通过 10% 水平的显著性检验，说明企业家发布微博有利于提升企业经营现金流。事实上，本书发现样本中大部分发布微博的企业家所在的行业是面向

终端消费者的，如餐饮业、住宿业、零售业等，这也解释了企业家发布微博为何会影响现金流。列（3）和列（6）分别是全样本和配对样本中企业家微博对企业系统性风险的影响。结果显示，Wb 的回归系数分别为 −0.018 和 −0.036，且均在10%水平上显著，说明消费者和投资者通过微博对企业及企业家有更深刻的认知与了解，对企业产品信任度增加，降低了企业股价的波动性。

综上所述，企业家微博发布对企业价值的提升不仅表现在经营现金流量的提升，同时表现在可以降低企业的系统性风险。

本书进一步对企业家微博发布的连续变量进行检验。表4.7列示了企业家微博发布条数、转发条数、点赞条数以及评论条数对企业价值的影响，因此样本为已经开通微博的企业家。列（1）结果显示，Wb_num 的回归系数为0.175，在10%水平上显著，说明随着微博发布数量的增加，企业价值也会随之上升。列（2）中，Transmit 的回归系数为0.133，且该系数在1%水平上通过显著性检验，说明随着转发数量的增加，信息传递的范围扩大，微博信息对企业价值的影响进一步增加。列（3）回归中，Likenum 的回归系数为0.168，且在1%水平上显著，说明点赞数量越多，认同感越强，微博对企业价值影响越大。列（4）结果显示，Comment 的回归系数为0.156，且通过1%水平显著性检验，说明企业家微博的评论数越多，企业家传递的信息越可能是粉丝感兴趣的话题，越有利于企业价值提升。

表4.7   企业家微博发布对企业价值的影响

Variable	(1) Tobin's Q	(2) Tobin's Q	(3) Tobin's Q	(4) Tobin's Q
Wb_num	0.175 * (1.80)			
Transmit		0.133 *** (2.68)		
Likenum			0.168 *** (2.69)	
Comment				0.156 *** (2.98)

Variable	(1) Tobin's Q	(2) Tobin's Q	(3) Tobin's Q	(4) Tobin's Q
Size	-1.191 *** (-4.73)	-1.219 *** (-4.75)	-1.129 *** (-4.77)	-1.211 *** (-4.72)
lev	0.309 (0.19)	0.389 (0.25)	0.293 (0.18)	0.372 (0.23)
ROE	-4.625 (-0.56)	-4.657 (-0.56)	-4.673 (-0.56)	-4.706 (-0.57)
Growth	-0.002 (-1.31)	-0.002 (-1.21)	-0.002 (-1.00)	-0.002 (-1.23)
Fage	-0.001 (-0.08)	-0.001 (-0.04)	-0.002 (-0.11)	-0.001 (-0.07)
Ownership	-0.440 (-0.40)	-0.426 (-0.39)	-0.512 (-0.46)	-0.444 (-0.41)
SOE	-0.257 (-0.58)	-0.222 (-0.51)	-0.172 (-0.41)	-0.236 (-0.55)
Firmwb	-0.266 (-0.65)	-0.293 (-0.73)	-0.299 (-0.75)	-0.277 (-0.69)
Constant	28.503 *** (4.34)	29.187 *** (4.29)	29.955 *** (4.38)	29.046 *** (4.25)
Industry effect	Yes	Yes	Yes	Yes
Time effect	Yes	Yes	Yes	Yes
Obs	3 315	3 315	3 315	3 315
R-squared	0.47	0.47	0.47	0.47

注：所有回归系数估计值都使用异方差调整和公司聚类调整得到的稳健性标准误。括号中数字为对应的 t 值。*、**、*** 分别表示在 10%、5%、1% 的置信水平上显著（双尾检验）。

二、企业家微博类型与企业价值

假说 H4.2 预期企业家个性化微博对企业价值有正向影响。为检验这一假说，需要对企业家发布的微博内容进行文本分析。本书将微博内容按是否与企业信息相关划分为披露式微博与个性化微博。表 4.8 是对个性化微博进行的描述性统计，结果显示：14.38%的企业家微博中全部是个性化微博，没有任何与公司相关的披露式内容；5.94%的企业家微博全部是披露式微博；剩余样本中有77.65%以上的企业家个性化微博比例占到50%以上。该结果表明，企业家微博具有较强的个人人格属性。

表4.8 个性化微博分布

个性化微博比例（%）	Freq.	Cum.
等于0%	197	5.94%
小于25%	298	8.99%
小于50%	741	22.35%
小于75%	1 712	51.63%
小于100%	2 838	85.62%
小于等于100%	3 315	100%

表4.9列（1）列示了假说H4.2的结果，结果表明Personal的回归系数为0.341，且通过10%水平的显著性检验，说明企业家发布的个性化微博比例越高，越有利于提升企业价值。究其原因，披露式微博披露的更多是重复性的或者"非重大"的企业信息（徐巍和陈冬华，2016），且企业家微博对于企业层面的信息披露时期会滞后于官方信息的披露，在控制了企业官方微博的影响下，对企业价值的作用明显降低。但个性化微博不同于披露式微博，其基本属于新信息，并且具有一定的专有性，更有助于投资者或者消费者对企业家个人的了解、认知与信任，使得消费者更加认可其所在企业的商品或服务，投资者对企业家行为有更好的预判，从而对企业的经营决策有更加准确地把握，风险的不确定性降低。

表4.9 企业家微博内容对企业价值的影响

Variable	(1) Tobin's Q	(2) Tobin's Q	(3) Tobin's Q
Personal	0.341 * (1.71)		
At		0.003 * (1.71)	

Variable	（1） Tobin's Q	（2） Tobin's Q	（3） Tobin's Q
Positive			0. 933 *** (3. 01)
Size	1. 025 (0. 82)	- 0. 706 *** (-5. 24)	- 0. 886 *** (-4. 76)
Lev	- 2. 757 (-1. 04)	- 2. 311 *** (-3. 28)	- 1. 018 (-0. 95)
ROE	5. 166 ** (2. 56)	6. 404 *** (3. 99)	11. 144 *** (6. 53)
Growth	- 0. 007 *** (-4. 83)	0. 667 *** (2. 85)	0. 023 (0. 27)
Fage	- 0. 025 (-1. 10)	0. 036 (1. 27)	- 0. 010 (-0. 87)
Ownership	- 0. 322 (-0. 14)	- 0. 456 (-0. 63)	- 0. 622 (-0. 64)
SOE	- 0. 498 (-1. 16)	0. 195 (0. 69)	- 0. 016 (-0. 04)
Firmwb	- 0. 548 (-0. 93)	0. 094 (0. 40)	- 0. 331 (-1. 35)
Constant	- 19. 115 (-0. 68)	21. 606 *** (8. 67)	29. 028 *** (5. 47)
Industry effect	Yes	Yes	Yes
Time effect	Yes	Yes	Yes
Obs	3 315	3 315	3 315
R-squared	0. 33	0. 62	0. 60

注：所有回归系数估计值都使用异方差调整和公司聚类调整得到的稳健性标准误。括号中数字为对应的 t 值。* 、** 、*** 分别表示在 10% 、5% 、1% 的置信水平上显著（双尾检验）。

假说 H4. 3 预期企业家微博中艾特人数越多，对企业价值正向影响越大。艾特行为传递了两个信息：一是传递了企业家社会资本的信息；二是传递了企业家希望定向强化信息的意愿。表 4. 9 列（2）列示了模型（4.5）的回归结果，结果显示，At 的回归系数为 0.003，且该系数在 10% 的水平上显著，说明企业家微博中艾特他人的数量越多，企业价值越高。企业家微博的艾特（@）情况充分彰显了企业家个人所拥有的社会资本，投资者对这一隐性信息也会有所识别，并对具有更多社会资本的企业家给予更高的企业估值。同时，艾特的人数越多，企业家主动地向特定人群传递信息的意愿也越强，被艾特的人也会对定向推送给自己的信息更为关注。

H4.4 预期企业家正向情感倾向微博比例越高，对企业价值正向影响越大。表 4.9 列（3）列示了模型（4.6）的回归结果，结果显示，Positive 的回归系数为 0.933，且该系数在 1% 的水平上显著，说明企业家发布的正向情感倾向微博比例越高，企业价值越高。企业家微博是企业家展示的窗口，有利于企业家形象的树立，积极乐观向上的企业家形象可以给企业加分。表 4.9 的回归结果验证了 H4.2 ～ H4.4。其余控制变量结果与已有研究基本保持一致。

三、进一步检验：微博的信息传递路径

基于信息传递理论，主检验的结果说明企业家微博信息降低了企业家（或企业）与包括投资者和消费者在内的公众之间的信息不对称程度，从而对企业价值产生正面影响。按照这一逻辑，本书认为企业家选择前台化的目的之一是改善企业信息不对称。如果这一推断正确，应该发现信息不对称程度高的企业更倾向于利用企业家微博这一非正式信息披露机制，且企业家微博对企业价值的正向影响在信息不对称程度高的样本中更显著。

股票非流动比率是使用较多的信息不对称指标（章卫东等，2017），用交易量对股票收益率影响来衡量股票非流动性，非流动比率越高，信息不对称程度越强。具体计算方法如下：

$$股票非流动比率 = \frac{\sum \sqrt{\dfrac{|股票日收益率|}{股票日交易量}}}{季度交易的天数} \tag{4.7}$$

　　检验信息不对称程度是否是企业家微博披露选择的动因之一。除了与前文一致的企业层面的控制变量，还控制了企业家个人属性，包括性别（Male，男性取 1，女性取 0）、年龄（Age，实际年龄）及受教育程度（Education，初中及以下 = 1，高中 = 2，大专 = 3，本科 = 4，硕士 = 5，博士 = 6）。表 4.10 列（1）中，信息不对称变量的系数为 0.097，且在 1% 水平上显著。表明企业信息不对称程度越高，企业家越会选择微博这种非正式信息披露机制，验证了基于信息传递理论的基本推断。

　　进一步地，本书检验了企业家微博能否缓解企业信息不对称对企业价值的不利影响。表 4.10 列（2）中结果显示，Asymmetric 的系数为 -10.317，在 1% 水平的通过显著性检验，说明信息不对称对企业价值有显著的负面影响。交乘项 Wb × Asymmetric 的系数为 8.740，在 1% 的水平上显著。表 4.10 的结果验证了企业家微博对企业价值的正向影响在信息不对称程度高的样本中更显著，且企业家微博的确有助于缓解信息不对称对企业价值带来的损害。

表 4.10　　　　　　　　　企业家开通微博、信息不对称与企业价值

Variable	(1) Wb	(2) Tobin's Q
Wb × Asymmetric		8.740 *** (3.79)
Asymmetric	0.097 *** (3.24)	-10.317 *** (-4.56)
Wb		0.853 *** (4.01)
Male	0.004 (0.29)	
Age	-0.001 ** (-2.12)	
Education	-0.000 (-0.07)	
Size	0.003 (0.66)	-0.800 *** (-6.45)

Variable	(1) Wb	(2) Tobin's Q
Lev	0.014 (0.64)	−0.897 (−1.01)
ROE	0.038 (1.01)	10.724 *** (8.71)
Growth	−0.002 (−1.19)	0.233 *** (3.04)
Fage	0.000 (0.94)	−0.004 (−0.55)
Ownership	0.004 (0.14)	−0.201 (−0.27)
SOE	−0.010 (−1.32)	0.296 (1.14)
Frimwb	0.031 *** (2.78)	−0.274 (−1.31)
Constant	−0.062 (−0.64)	20.800 *** (6.07)
Industry effect	Yes	Yes
Time effect	Yes	Yes
Obs	80 534	80 534
R-squared	0.09	0.55

注：列（1）括号内为 z 值，列（2）括号内为 t 值。*** 、** 、* 分别表示在 1%、5%、10% 水平上显著。

第四节　稳健性检验

为了进一步验证本章实证结果的稳健性和可靠性，本章还进行了一系列稳健性检验。在第一组稳健性检验中，将自变量滞后一期处理；在第二组稳健性检验中，拟解决不可观测样本的自选择问题；在第三组稳健性检验中，拟解决反向因果问题；在第四组稳健性检验中，拟用工具变量解决可能存在的其他内生性问题；在第五组稳健性检验中，拟排除可能的替代性解释。

一、自变量滞后一期处理

微博的特征之一是传播速度迅速，本书使用的是季度数据，在一个季度的时间内，信息得到充分传播的概率很大。特别是在信息爆炸的今天，信息可能在几小时、几天内就会快速传播。尽管如此，为检验微博传递是否可以取得立竿见影的效果，因而增加了企业家在 t 期微博发布对 t + 1 期企业价值影响的检验。表4.11 的结果显示，列（1）中 Wb 的回归系数为 0.541，且该系数在 1% 水平上通过检验，说明企业家发布微博与后一期的企业价值仍显著正相关，微博发布对企业价值的影响并非只是短期有效。列（2）Wb 的回归系数为 0.007，在 10% 水平上显著，说明企业家微博发布可以提升后一期的企业经营业绩水平。列（3）中 Wb 的回归系数为 - 0.023，通过 10% 水平显著性检验，说明企业家微博发布仍可以降低后一期的系统风险。表 4.11 的结果基本与前面保持一致，说明在考虑效果滞后的影响下，企业家微博发布仍有利于提升企业价值，本章主要假设的结果稳健。

表4.11 自变量滞后一期处理结果

Variable	(1) Tobin's Q_{t+1}	(2) CFO_{t+1}	(3) $Beta_{t+1}$
Wb	0.541 *** (3.02)	0.007 * (1.91)	- 0.023 * (- 1.79)
Size	- 1.016 *** (- 24.37)	0.005 *** (7.84)	0.012 *** (4.57)
Lev	- 0.342 ** (- 2.06)	- 0.031 *** (- 8.91)	- 0.037 *** (- 2.72)
ROE	3.658 *** (11.87)		

Variable	(1) Tobin's Q_{t+1}	(2) CFO_{t+1}	(3) $Beta_{t+1}$
Growth	0.098 *** (6.66)	− 0.000 (− 0.48)	− 0.008 *** (− 3.81)
Fage	− 0.003 ** (− 2.46)	− 0.000 ** (− 2.11)	0.000 ** (2.05)
Ownership	0.175 (1.08)	0.017 *** (3.94)	− 0.013 (− 0.86)
SOE	0.138 ** (2.45)	− 0.004 *** (− 3.10)	0.009 (1.64)
Firmwb	0.190 *** (3.21)	0.000 (0.01)	− 0.012 ** (− 2.26)
Constant	25.453 *** (21.43)	− 0.044 *** (− 2.64)	0.612 *** (9.31)
Industryeffect	Yes	Yes	Yes
Timeeffect	Yes	Yes	Yes
Obs	80 534	80 534	80 534
R-squared	0.46	0.16	0.32

注：所有回归系数估计值都使用异方差调整和公司聚类调整得到的稳健性标准误。括号中数字为对应的 t 值。 * 、 ** 、 *** 分别表示在 10% 、 5% 、 1% 的置信水平上显著（双尾检验）。

此外，将样本限定为开通微博的企业家。观察企业家微博发布对企业价值的影响，回归结果显示，在开通微博的样本中，相比于未发布微博，企业家发布微博的企业价值显著更高，通过 1% 水平的显著性检验。这一结果更加论证了本书的结论。

二、关于自我选择偏差的检验

对本书结果的一个主要担心是，是否发布微博是由企业家自主选择的，因此，以上回归结果可能存在样本自我选择偏差。本章第三节的检验中使用了 PSM 方法以解决可观测样本的选择性偏差。在模型构建中充分考虑了企业层面的影响因素，这里对企业家层面的影响因素予以考虑，以排除遗漏变量的影响。表 4.12 中列（1）加入了代表企业家特征的变量，即性别（Male）、年龄（Age）及受教育程度（Education），结果表明，在考虑企业家个人因素的影响下，企业家微博发布仍对企业价值有显著的提升作用，Wb 的回归系数为 0.688，且该系数通过 1% 水平的显著性检验。

表 4.12　　　　　　　　　　　自我选择偏差的检验结果

Variable	（1） Tobin's Q	（2） Tobin's Q
Treated × After		1.939 * (1.73)
Treated		0.430 * (1.92)
After		−1.613 (−1.30)
Wb	0.688 *** (3.08)	
Male	−0.096 (−0.80)	
Age	−0.001 (−0.11)	
Education	0.111 *** (2.91)	
Size	−1.036 *** (−16.36)	−0.846 *** (−7.14)
Lev	−0.685 *** (−3.17)	−0.345 (−0.40)
ROE	5.168 *** (10.62)	10.035 *** (8.12)
Growth	0.101 *** (4.99)	0.114 (1.48)
Fage	−0.004 ** (−2.45)	−0.001 (−0.21)

续表

Variable	(1) Tobin's Q	(2) Tobin's Q
Ownership	0.410 * (1.76)	−0.595 (−0.80)
SOE	0.186 ** (2.25)	0.116 (0.44)
Frimwb	0.086 (1.10)	−0.203 (−0.95)
Constant	25.970 *** (15.89)	21.434 *** (6.67)
Industryeffect	Yes	Yes
Timeeffect	Yes	Yes
Obs	80 534	6 648
R-squared	0.46	0.51

注：所有回归系数估计值都使用异方差调整和公司聚类调整得到的稳健性标准误。括号中数字为对应的 t 值。*、**、***分别表示在 10%、5%、1%的置信水平上显著（双尾检验）。

在考虑不可观测样本的影响，本书使用"PSM + DID"的方法，PSM 方法与前面保持一致，在此基础上运用双重差分检验，设置 Treated 为企业家是否开通微博，开通微博取值为 1，未开通微博取值为 0。After 为发布微博时间前后，微博开通前取值为 0，微博开通后取值为 1。表 4.12 列（2）结果显示：交乘项 Treated × After 的系数为 1.939，且在 10%水平上显著，说明发布微博的实验组比未发布微博的对照组企业价值上升更为显著。以上结果表明本章所得实证发现较为稳健。

三、反向因果问题的检验

对于本书的结论，很可能的解释是：在企业价值较高、现金流量较好以及系统性风险较低时，企业家更具有成就感和满足感，因而企业家更愿意发布微博。为了排除这一反向因果关系，本书使用格兰杰因果检验，检验结果如表 4.13 所示，Panel A 显示企业家微博发布与企业价值的因果关系，在最佳滞后期为 2 期的情况下，企业家微博发布是企业价值的原因，并不是影响的结果。同样，Panel B 和 Panel C 分别对企业现金流量和系统性风险与企业家微博发布的关系进行了格兰杰因果检验，均排除反向因果的解释。

表 4.13 反向因果问题的检验结果

Panel A：企业家微博发布与企业价值的格兰杰检验结果

Equation \ Excluded	Chi2	df	Prob > Chi2
Tobin's Q			
Wb	6.774 **	2	0.034
All	6.774 **	2	0.034
Wb			
Tobin's Q	4.479	2	0.107
All	4.479	2	0.107

Panel B：企业家微博发布与现金流量的格兰杰检验结果

Equation \ Excluded	Chi2	df	Prob > Chi2
CFO			
Wb	19.859 ***	2	0.000
All	19.859 ***	2	0.000
Wb			
CFO	3.176	4	0.529
All	3.176	4	0.529

Panel C：企业家微博发布与系统性风险的格兰杰检验结果

Equation \ Excluded	Chi2	df	Prob > Chi2
Beta			
Wb	5.602 *	2	0.061
All	5.602 *	2	0.061
Wb			
Beta	3.228	4	0.520
All	3.228	4	0.520

注：*、**、*** 分别表示在 10%、5%、1% 的置信水平上显著（双尾检验）。

四、工具变量法解决内生性问题

实证研究中内生性问题主要是所关心的核心解释变量与回归方程中的误差项存在相关性导致的。内生性产生的原因主要包括三种情况：一是变量存在测量误差；二是存在遗漏变量问题，包括可观测与不可观测的遗漏变量，且该变量与核心解释变量相关；三是因果倒置问题，即解释变量和被解释变量可能互为因果（Wooldridge，2002）。前面已运用倾向得分匹配法（PSM）和PSM + DID 方法解决内生性问题。安格瑞斯特和皮切克（Angrist & Pischke，2008）认为，解决内生性问题的最佳方法是通过构造随机试验以获取变量之间的因果关系，其中工具变量法（Ⅳ）被认为是最接近随机试验的研究设计方法之一。为解决因遗漏变量带来的内生性问题，需要找到一个工具变量，且该工具变量对企业家微博发布有影响，但对企业价值没有影响。本书使用"各地区网民普及率"作为工具变量，该数据来源于国家工信部，使用两阶段最小二乘法进行回归，检验结果的稳健性。回归中使用的控制变量与本章前面的控制变量保持一致。表 4.14 中的列（1）为 2SLS 中的第一阶段，此时工具变量（Ⅳ）对 Wb 的回归系数为 0.001，且在 1% 水平上通过显著性检验。由弱工具检验结果可知，第一阶段 F 值为 19.081（2SLS Size of nominal 5% Wald test 的 10% 为 16.38），大于 10，可以拒绝弱工具变量原假说，说明工具变量有效。列（2）结果显示，在使用工具变量的情况下，企业家微博仍然有利于提升企业价值，工具变量的回归系数为 20.496，且通过1% 水平的显著性检验。这说明本章主要结果仍然稳健。

表 4.14　　　　　　　　　　　工具变量检验结果

Variable	(1) Wb	(2) Tobin's Q
Ⅳ/Wb	0.001 *** (4.37)	20.496 *** (3.58)
Size	− 0.005 ** (− 2.27)	− 1.076 *** (− 2.64)

Variable	(1) Wb	(2) Tobin's Q
Lev	-0.003 (-0.23)	-1.222 ** (-2.42)
ROE	0.010 * (1.84)	-0.301 (-0.75)
Growth	-0.000 (-1.36)	0.012 (1.54)
Fage	-0.001 *** (-2.71)	0.086 ** (2.45)
Ownership	0.013 (0.55)	-0.096 (-0.13)
SOE	-0.002 (-0.40)	0.140 (0.93)
Firmwb	0.062 *** (6.94)	-1.098 *** (-2.74)
Constant	0.084 ** (2.02)	25.481 *** (2.97)
Industryeffect	Yes	Yes
Timeeffect	Yes	Yes
Obs	13 741	13 741
F/Waldchi2	19.081 ***	109.76 ***

注：所有系数估计值都使用异方差调整和公司聚类调整得到的稳健性标准误。 * 、 ** 、 *** 分别表示在10%、5%、1%的置信水平上显著（双尾检验）。

五、替代性解释：投资者情绪

本书的研究是基于信息传递理论进行的。另外，可能是企业家微博影响了投资者情绪，进而导致企业估值发生变化。为了排除这一替代性解释，此处进行了如下检验：使用股东人数变化率来衡量投资者情绪，当投资者情绪高涨时，股东人数也会有所增加。检验发现，企业家微博发布数量和股东人数变化率的 Pearson 相关系数仅为 0.021，未通过显著性检验。同时，用企业家微博发布数量对股东人数变化率进行回归，回归系数也未通过显著性检验，结果见表 4.15。由此，可以初步排除投资者情绪的替代性解释。

表 4.15　　　　　　　　　　　替代性解释的回归结果

Variable	股东人数变化率
Wb_num	0.001 (0.42)
Control variables	Yes
Industry effect	Yes
Time effect	Yes
Obs	60 332
R-squared	0.07

第五节　本章结论

本章选取 2010～2017 年 A 股全部上市公司为研究样本，采用企业家微博测度非正式信息传递机制，利用文本分析方法进一步解读了企业家个人微博信息传递的内容。基于信息传递理论，构建了四个假说，并分别进行了验证。研究发现：第一，企业家发布微博会显著提升企业价值，对企业现金流有正向影响，同时也降低了企业的系统性风险。第二，针对企业家微博内容进行的文本分析表明，个性化微博比例越高、艾特人数越多、正向语调的微博比例越高，企业价值上升越明显。第三，企业家微博对企业价值的提升作用在企业信息不对称程度更高的情况下更显著。采用多种方法缓解内生性问题并排除替代性解释后，以上结论仍成立。

互联网改变了人类的生活方式。根植于网络的自媒体作为当下重要的信息媒介，其巨大的影响力往往超过我们的预期，比如网络直播带货和新冠肺炎疫情期间自媒体在信息传递、降低信息不对称方面发挥的不可替代的作用等。对企业和企业家来说，自媒体也提供了一个低成本、高效率的信息传递途径。在信息传递方式和信息获取方式日新月异的互联网时代，企业家对外沟通方式的选择不仅会影响其个人形象，更会传导到其所代表的企业，对企业价值产生影响。本章的贡献主要有以下几点：第一，微博作为自愿性信息披露的重要渠道，对企业价值的影响如何尚未有研究涉及。本章从信息传递理论出发，关注企业家微博与企业价值之间的关系，进一步拓展了非正式信息传递的经济后果研究。第二，本章不仅研究了企业家微博对公司价值的影响，还进一步区分信息内容，阐明了非正式信息传递中哪类信息更为重要，更对企业价值提升有所帮助，对实务界中企业家的言行举止提供了重要的经验参考。第三，本章的研究表明，企业家个人的信息传递同样重要，这种非正式信息传递也有信息价值，拓展了现有信息披露理论研究的范围。

第五章

非正式信息传递与融资成本

第四章探讨了非正式信息传递对企业价值的影响，并进一步区分了不同信息内容的影响。非正式信息传递增加了投资者获取的信息含量，同样能够影响投资者的判断，从而给予不同的风险溢价水平。本章从融资的角度出发，考察非正式信息传递影响企业价值的路径。具体而言，本章拟解决以下两个问题：（1）企业家微博对债务融资成本和权益融资成本的影响；（2）非正式信息传递机制在不同市场与信息环境下的影响差异。

第一节　理论分析与研究假说

一、企业家微博对融资成本的影响

文献指出，自媒体可以有效促进企业与外部信息使用者之间的双向沟通（Uyar & Kilic，2012；Kilgour et al.，2015；Jurgens et al.，2016；何贤杰等，2016；徐巍和陈冬华，2016）。一旦企业或企业家利用自媒体进行信息传递后，市场参与者就会及时感知并利用这些信息进行交易或调整行为（Rishika et al.，2013；Blankespoor et al.，2014）。

企业家微博是企业正式信息传递机制的重要补充，能有效缓解投资者与企业之间的信息不对称。与传统媒体相比，企业家微博对于传播信息有更大的主动权，比如发布什么信息、什么时候发布、如何措辞等。同时，微博具有双向性，即不仅可以将信息无衰减、无扭曲地迅速扩散到粉丝以外的群体中，还可以接收来自不同用户的评论反馈。企业融资成本对投资者来说是其所让渡资金使用权并承担回收风险而要求的必要补偿，风险主要来自融资项目本身的风险和融资后企业经营的不确定性。信息不对称带来的风险是不可分散的（Easley & O'Hara，2004），此时投资者会通过提高资金价格（也即企业融资成本）来进行自我保护。企业家发布微博可以降低信息不对称：首先，企业家在微博中会涉及其所在企业的一些信息。虽然这些信息可能只是官方披露信息的重复，但企业家如果在自己的微博中发布，等于增加了其个人对信息的背书。企业家也会用更加个性化、通俗化、丰富化的语言对官方信息做一些解读，便于投资者更加准确地判断公司未来经营情况，降低其感受到的不确定性。其次，企业家微博可以发布一些不便于通过官方渠道公布的信息。由于官方渠道更正式，受到更多限制，很多"隐性"信息无法传递，企业家微博则提供了传递的可能。企业家个人微博内容具有混合和非重大的特点。但看似"非重大"的信息也可能具有重要的信息含量。譬如，企业家微博中艾特（@）他人的行为，本身就具有信息含量，可以传递企业家所拥有的社会关系网络情况，投资者对这类非正式的"隐性"信息也会进行解读，从而影响投资判断。再次，即使企业家微博发布的是与公司毫无关系的个人信息也能够有效缓解企业与投资者之间的信息不对称。具体来说，发布的个人信息（如兴趣爱好、时事评价等）有助于投资者了解企业掌舵者的个人特征，如风险偏好、性格特点等，使投资者对企业家战略方向与投资决策有更深刻的认知，增强对企业家的信任（Bartjargal & Liu，2004），从而降低资本成本。最后，媒体报道对投资者有重要影响，有研究指出，相对于媒体报道数量多的股票来说，媒体报道数量较少的股票融资成本更高，因为此时信息透明度较低，投资者基于信息不对称会要求更高的风险溢价（Fang & Peress，2009）。互联网本身就是媒体，企业家微博增加了媒体曝光度，能够减少投资者对信息的搜寻成本和加工成本。

上市公司的融资方式主要有权益融资和债务融资两种。我国上市公司的债务融资主要来自银行。银行与企业之间的信息不对称程度相对较低，一方面，因为给企业提供贷款的银行一般也是企业的主要开户行，彼此之间是长期合作的关系，银行通过企业账户信息对企业的经营状况和财务状况有较多了解。另一方面，如果银行贷款金额较大，通常会到企业进行实地调查，掌握更多关于企业的信息。同时，重要贷款中，企业家通常需要和银行进行深入的沟通和谈判，所以与中小股东与企业及企业家之间的信息不对称相比，银行与企业及企业家之间的信息不对称程度更低。相对于债务融资成本，预期企业家微博对降低权益融资成本的作用更大。

基于此，提出以假说：

H5.1：企业家微博有利于降低权益融资成本和债务融资成本，且对权益融资成本的影响更大。

二、企业家微博、市场化进程与融资成本

交易方式内生于制度背景约束，是交易成本最小化的结果。我国是一个发展极不均衡的国家，各地区市场化程度明显不同（夏立军和陈信元，2007）。首先，在市场化程度较高的地区，融资成本较低。研究指出，相对于市场化程度高的地区，市场化程度低的地区政府管制更强、关系型交易更多、信息传递渠道更少（卢文彬等，2014），融资成本相对较高，信息不对称程度更大。其次，相对于市场化程度更高的地区，市场化程度低的地区更需要成本低、易获取的信息渠道来降低信息不对称，自媒体的出现恰好满足了这一需求。最后，研究指出，在法律制度不健全的国家或地区，非正式机制将进一步发挥积极的替代作用（Guiso et al. , 2004；Young & Tsai, 2008）。在市场化进程较为缓慢的地区，为了获得正式制度中得不到的支持与保障，企业家更愿意花费精力和成本来维护微博，通过微博与粉丝或外部中小投资者进行互动，建立起信任感与认同感，从而有效缓解正式制度的缺失（贾凡胜等，2017）。即企业家微博在市场化进程低的地区更易起到补充机制作用。综上所述，我国地区间的市场化程度具有明显差异，市场化程度低的地区信

息不对称程度更为严重，企业家微博降低信息不对称的作用更加突出。

基于此，提出假说 H5.2：相对于市场化进程较高的地区，企业家微博对融资成本的影响在市场化进程较低的地区更大。

假说 H5.2 可能存在相反的结果。我国地区间发展极不均衡，市场化程度高的地区媒体业通常更为发达，现代媒体的利用率更高，人们利用媒体的意识也更高，使得企业家微博的受众面更广，因而企业家利用微博来披露非强制性信息的可能性更大，缓解信息不对称作用更强。而在市场化进程低的地区，由于发达程度受限，自媒体的使用率有所下降，企业家微博的影响力及关注度都相对较低，对企业融资成本的影响会较小。因而，市场化进程对企业家微博和融资成本关系的影响是一个实证问题。

三、企业家微博、外部信息环境与融资成本

企业家微博降低信息不对称性的作用受到公司自身信息环境影响。当公司已向市场披露了大量相关信息，信息不对称程度较低，非正式信息传递机制发挥的作用就会被削弱（李慧云和刘镝，2016）。戴蒙德和韦雷基亚（Diamond & Verrecchia，1991）指出，一旦提高公司的信息披露水平，权益融资成本会得到显著降低。我国学者汪炜和蒋高峰（2004）、曾颖和陆正飞（2006）也有类似发现。说明当企业自身信息披露环境良好时，企业利用非正式信息渠道的传递需求较低，正式信息传递机制已可以较大程度上满足投资者的需求。当企业面临较差的信息环境时，为了缓解与投资者之间的信息不对称，企业谋求非正式信息传递机制的动机更强，如利用微博等自媒体。梁上坤（2017）认为，在公司内外部信息环境较好时，管理层的行为处于较透明的环境下，媒体关注的增量作用并不明显。相反，在公司信息环境较差时，媒体的信息传播作用会更加显著。基于以上文献，预期企业家微博在企业外部信息环境较差的情况下，更容易发挥信息增量作用。

基于此，提出假说 H5.3：企业家微博对融资成本的影响在企业外部信息环境较差的情况下更显著。

第二节　研究设计

一、样本选择与数据来源

初始样本为 2010～2017 年沪深 A 股上市公司，并按照如下步骤进行筛选：（1）剔除 ST 和 *ST 公司；（2）剔除金融保险类行业公司；（3）剔除数据缺失的公司。最终获得 39 375 个样本观测值。企业家姓名来源于 CSMAR、锐思及 Wind 数据库三者的整合，利用 Python 爬虫技术从新浪微博网站获取企业家微博相关信息。剔除部分账号清空微博或者没有发布任何信息的微博，得到企业家微博账号 246 个，共计 386 465 条企业家微博数据。为保证数据有效性并消除异常值的影响，对主要的连续变量进行 1% 的缩尾处理。

二、变量定义

（一）融资成本

债务融资成本（Debt_cost）的衡量方法为企业当期发生的利息支出除以长短期债务年初总额与年末总额的平均值。

权益融资成本的估算有事前、事后两种方法，毛新述等（2012）表明事前权益资本成本的测度指标优于事后测度指标。本章借鉴冯来强等（2017）研究，采用事前估计法。具体地，选用 PEG 模型、MPEG 模型以及 OJN 模型对资本成本进行估计，并将三种方法计算下的估计值的均值作为权益融资成本（Equity_cost）的代理变量。不失一般性，权益融资成本值的合理范围是（0，1），超过该范围的估计值设置为缺失值。具体计算方法如下。

PEG 模型：

$$R_e = \sqrt{(EPS_{t+2} - EPS_{t+1})/P_t}$$

MPEG 模型：

$$R_e = \sqrt{(EPS_{t+2} + R_e \times DPS_{t+1} - EPS_{t+1})/P_t}$$

OJN 模型：

$$R_e = A + \sqrt{A^2 + \frac{EPS_{t+1}}{P_t} \times \left[\frac{EPS_{t+2} - EPS_{t+1}}{EPS_{t+1}} - (R_e - 1) \right]}$$

$$A = \left(g_p + \frac{DPS_{t+1}}{P_t} \right)/2$$

其中，R_e 为权益融资成本；EPS 为分析师预测的每股收益；P 为股票收盘价；DPS 为每股股利；g_p 为长期盈余增长率，参考伊斯顿等（Easton et al.，2005），取值为 2%。

（二）企业家微博

与第四章一致，将实际控制人、董事长、CEO 定义为企业家。参考徐巍和陈冬华（2016）、何贤杰等（2016）、胡军等（2016）的做法，使用年度微博发布哑变量（Wb）进行衡量。当该年度企业家微博发布数量大于等于 1 条时，则 Wb 取值为 1，否则取值为 0。未开通企业家微博账号的也取值为 0。对于发布微博的样本，进一步用微博发布条数（Wb_num）、评论条数（Comment）、转发条数（Transmit）和点赞条数（Likenum）衡量企业家微博信息传递程度。

具体数据处理过程如下。

首先，从 CSMAR、锐思及 Wind 获得所有 A 股上市公司实际控制人、董事长、CEO 名单。

其次，以企业家的名字为关键词在新浪微博的找人页面搜索，获取"大V"认证的微博用户及其账号。考虑到收集信息的权威性，仅将含有上市公司名称或简称并且成为微博认证的"大V"用户界定为发布微博的企业家。

最后，由微博账号爬取用户个人信息页面，获得认证信息。根据认证信息人工再次审核该微博用户是否为企业家的微博账号，如果是，则获取企业家微博的发布内容、发布时间以及每条微博的评论条数、转发条数、点赞条数等信息。由此，共计获取 246 个企业家微博账户信息，386 465 条微博发布数据。

（三）市场化进程

王小鲁等（2017）在《中国分省份市场化指数报告（2016）》中列式了 2008～2014 年"各省份市场化评分和排序"，以该指数作为市场化进程指标（Mp）。Mp 取值越大，说明该地区的市场化进程越高。

（四）企业外部信息环境

研究指出，媒体报道有助于降低公司权益资本成本（卢文彬等，2014），是企业重要的外部信息环境代理指标。参考李培功和沈艺峰（2010）、梁上坤（2017）等的做法，根据公司名称和公司股票代码，在《中国重要报纸全文数据库》中检索每家公司的月度新闻报道量，加总获得全年的新闻报道数量（Media）。Media 数值越大，表示公司外部信息环境越好。

证券分析师是资本市场上专业的信息中介，通过挖掘和分析公司相关信息，能够帮助投资者更好地理解公司战略、财务及未来发展趋势。参考潘越等（2011）、梁上坤（2017）等的做法，以分析师跟踪数量（Analyst）衡量公司的外部信息环境。Analyst 数值越大，表示公司外部信息环境越好。

本书分别用媒体报道和分析师跟踪数量作为衡量公司外部信息环境的替代变量。媒体报道越多，分析师人数越多，外部信息环境越好。

（五）控制变量

当因变量为债务成本时，控制变量上参考蒋琰（2009）和安德森等（Anderson et al.，2004）的做法，控制了企业规模（Size）、资产负债率（Lev）、盈利能力（ROA）、现金负债比（Cash）、营业收入的成长性（Growth）、固定资产比率（Fix）、第一大股东持股比例（Ownership）、机构持股比例（Institution）以及企业性质（SOE）。

当因变量为权益成本时，借鉴曾颖和陆正飞（2006）、李慧云和刘镝（2016）的做法，本书控制了企业规模（Size）、系统性风险（Beta）、资产负债率（Lev）、账面市值比（BTM）、盈利能力（ROA）、股票流动性（LIQ）、总资产周转率（TOTA）、营业收入的成长性（Growth）、机构持股比例（Institution）以及企业性质（SOE）。

此外，本书还控制了是否存在企业的官方微博（Firmwb），以排除官方微博带来的影响。

三、模型构建

企业融资主要有两种方式，分别是债务融资与权益融资。根据上述假说，分别构建模型（5.1）和模型（5.2）来检验企业家微博对债务融资成本（Debt_cost）和权益融资成本（Equity_cost）的影响。

$$Debt\_cost = \beta_0 + \beta_1 Wb + \beta_2 Size + \beta_3 Lev + \beta_4 ROA + \beta_5 Cash + \beta_6 Growth$$
$$+ \beta_7 Fix + \beta_8 Ownership + \beta_9 Institution + \beta_{10} SOE + \beta_{11} FirmWb$$
$$+ Industry\_dummy + Year\_dummy + \varepsilon \qquad (5.1)$$

$$Equity\_cost = \beta_0 + \beta_1 Wb + \beta_2 Size + \beta_3 Beta + \beta_4 Lev + \beta_5 MTB + \beta_6 ROA$$
$$+ \beta_7 LIQ + \beta_8 TOTA + \beta_9 Growth + \beta_{10} Institution + \beta_{11} SOE$$
$$+ \beta_{12} FirmWb + Industry\_dummy + Year\_dummy + \varepsilon \qquad (5.2)$$

根据假说 H5.1，预期在模型（5.1）和模型（5.2）中，β_1 均显著为负，且在模型 5.1 中的显著性弱于在模型 5.2 中的显著性。将模型（5.1）和模型（5.2）中的 Wb 替换为微博发布条数（Wb_num）、评论条数（Comment）、转发条数（Transmit）或点赞数（Likenum），预期 β_1 仍显著为负。

为检验市场化进程与企业外部信息环境的调节作用，分别构建模型（5.3）和模型（5.4）：

$$Debt\_cost / Equity\_cost = \beta_0 + \beta_1 Wb \times Mp + \beta_2 Mp + \beta_3 Wb$$
$$+ \beta_4 Controls + Industry\_dummy + Year\_dummy + \varepsilon$$
$$(5.3)$$

$$\begin{aligned} \text{Debt\_cost}/\text{Equity\_cost} = {} & \beta_0 + \beta_1 \text{Wb} \times \text{Media}(\text{Analyst}) + \beta_2 \text{Media}(\text{Analyst}) \\ & + \beta_3 \text{Wb} + \beta_4 \text{Controls} + \text{Industry\_dummy} \\ & + \text{Year\_dummy} + \varepsilon \end{aligned} \tag{5.4}$$

根据假说 5.2 和假说 5.3，关注模型（5.3）和模型（5.4）中交乘项的影响。市场化进程快的地区或外部信息环境相对较好的企业，非正式信息传递对降低权益融资成本的重要性相对下降，预期交乘项系数显著为正。

以上所有回归均控制了行业和年度的固定效应，并进行异方差调整和公司聚类调整。

各变量定义见表 5.1。

表 5.1　　　　　　　　　　　　**变量选取及定义**

变量名称	变量代码	变量定义
债务成本	Debt_cost	利息支出/长短期债务总额的平均值
权益成本	Equity_cost	采用事前估计法的 PEG 模型、MPEG 模型以及 OJN 模型对权益成本进行估计，取三者算术平均值
企业家微博发布	Wb	哑变量：企业家当年发布 1 条及以上微博取值为 1，否则为 0
微博发布条数	Wb_num	Log（1 + 当年企业家累计发布微博条数）
评论条数	Comment	Log（1 + 当年企业家微博下方累计评论条数）
转发条数	Transmit	Log（1 + 当年企业家微博下方累计转发条数）
点赞条数	Likenum	Log（1 + 当年企业家微博下方累计点赞条数）
市场化进程	Mp	《中国分省份市场化指数报告（2016）》中"各省份市场化评分和排序"数据
媒体报道数量	Media	当年企业的媒体报道数量加 1 后取对数
分析师跟踪数量	Analyst	当年分析师（或团队）跟踪数量
企业规模	Size	期末总资产取自然对数
系统性风险	Beta	根据资本资产定价模型，使用 t − 1 年的日交易数据计算所得
资产负债率	Lev	总负债/总资产
账面市值比	MTB	账面价值/股东权益的流通市值
盈利能力	ROA	净利润/总资产

变量名称	变量代码	变量定义
现金负债比	Cash	(货币资金 + 有价证券)/流动负债
固定资产比率	Fix	固定资产/总资产
第一大股东持股比例	Ownership	第一大股东持股比例
股票流动性	LIQ	股票每年的日平均换手率
总资产周转率	TOTA	销售收入/总资产
营业收入的成长性	Growth	(本期主营业务收入 − 上期主营业务收入)/上期主营业务收入
机构持股比例	Institution	机构投资持股占公司全部 A 股的比例
企业官方微博	Firmwb	哑变量：企业有官方微博时赋值为 1，否则为 0
企业性质	SOE	哑变量：企业为国有企业时赋值为 1，否则为 0

四、样本描述性分析

表 5.2 列示了样本的描述性统计结果：列（1）全样本中债务融资成本的均值为 5.6%，权益融资成本的均值为 9.6%。列（3）发布微博的样本中债务融资成本的均值为 5.4%，权益融资成本的均值为 8.4%，均低于列（2）未发布微博样本对应均值，其中权益融资成本的差异通过 1% 水平的显著性检验。企业家微博发布的均值为 0.016，说明样本中有 1.6% 的企业家发布微博，平均每年每个企业家发布微博条数、评论条数、转发条数以及点赞条数（取对数后）分别为 4.000、3.923、3.909 以及 2.625，不同企业家之间具有一定差距。另外，企业家发布微博的样本相比于未发布微博的样本，市场化进程指数更高，媒体报道与分析师跟踪数量更多，差异分别通过 1%、10% 和 1% 水平的显著性检验，说明当企业宏观环境与外部环境越透明时，企业非正式信息机制的使用越高，但对融资成本的影响仍需通过回归分析。控制变量方面，与企业家未发布微博的样本相比，发布微博的样本具有相对规模较大、系统性风险较低、负债率较低、账面市值比较低、盈利能力较强、现金负债比较高、固定资产比率较低、股票流动性较低、总资产周转率

较高、机构持股比例较高的特点，且开通官方微博的比例较高，民营企业比例较高。

表5.2　　　　　　　　　　　**样本描述性统计结果**

分组	（1）全样本 N = 39 375		（2）Wb = 0 样本 N = 38 745	（3）Wb = 1 样本 N = 630	（2）－（3） MeanDiff
变量	均值	标准差	均值	均值	
Deb_cost	0.056	0.175	0.056	0.054	0.002
Equity_cost	0.096	0.068	0.097	0.084	0.013 ***
Wb	0.016	0.127	0	1	
Wb_num	4.000	2.209		3.951	
Comment	3.923	3.353		3.923	
Transmit	3.909	3.598		3.909	
Likenum	2.625	2.918		2.625	
Mp	7.440	1.451	7.432	7.817	− 0.385 ***
Media	6.412	10.362	6.388	7.854	− 1.466 *
Analyst	19.258	22.530	19.110	28.354	− 9.244 ***
Size	20.235	2.271	20.207	21.986	− 1.779 ***
Beta	1.103	0.279	1.104	1.054	0.050 **
Lev	0.448	0.229	0.450	0.437	0.013 **
MTB	0.932	1.109	0.932	0.916	0.016 **
ROA	0.063	0.086	0.063	0.078	− 0.015 ***
Cash	1.028	1.992	1.018	1.281	− 0.263 ***
Fix	0.243	0.193	0.245	0.186	0.059 ***
Ownership	0.390	0.176	0.391	0.382	0.009
LIQ	1.828	1.293	1.830	1.618	0.212 ***
TOTA	0.787	0.559	0.786	0.822	− 0.036 *
Growth	0.292	0.740	0.293	0.269	0.024
Institution	0.194	0.236	0.193	0.224	− 0.031 ***
Firmwb	0.179	0.384	0.172	0.665	− 0.493 ***
SOE	0.670	0.470	0.676	0.309	0.367 ***

注：括号中为均值 T 检验结果的 t 值。

第三节　实证分析

一、企业家微博与融资成本

表 5.3 列示了全样本下企业家微博对债务融资成本的回归结果。列（1）结果显示，企业家微博发布的回归系数为 0.003，但没有通过 10% 水平的显著性检验，说明企业家微博发布对债务融资成本无统计意义上的显著影响。列（2）~（5）分别列示了企业家微博发布数量、评论数量、转发数量以及点赞数量对债务融资成本的结果，结果均显示未通过 10% 水平的显著性检验，说明企业家微博对企业债务融资成本无影响，这与假说 H5.1 有些微出入。现有文献指出，中国企业的债务资金来源主要有三种，分别是银行贷款、商业信用和企业债券，而银行贷款则是最主要的来源渠道（Allen et al.，2007；花中东等，2017）。于博（2018）的文章显示，我国上市公司的银行贷款使用远高于商业信用和企业债券。而银行与企业之间的信息不对称程度相对较低，一方面，银行相对于其他类型的投资者，特别是中小股民而言，有相对更多渠道获取企业私有信息（Bharath et al.，2008）。另一方面，企业作为借款人也不得不向贷款银行披露其私有信息（Bhattacharya & Chiesa，1995）。对于银行债权人来说，并不需要通过公开渠道获取增量信息。因此，企业家发布微博对债务成本并无显著影响。

表 5.3　　　　全样本中企业家微博对债务融资成本的影响结果

Variable	(1) Debt_cost	(2) Debt_cost	(3) Debt_cost	(4) Debt_cost	(5) Debt_cost
Constant	0. 391 *** (4. 19)	− 0. 594 (− 1. 31)	− 0. 577 (− 1. 44)	− 0. 579 (− 1. 44)	− 0. 578 (− 1. 44)
Wb	0. 003 (0. 28)				

续表

Variable	（1） Debt_cost	（2） Debt_cost	（3） Debt_cost	（4） Debt_cost	（5） Debt_cost
Wb_num		0.002 (0.55)			
Comment			−0.001 (−0.80)		
Transmit				−0.000 (−0.12)	
Likenum					0.001 (0.38)
Size	−0.019*** (−4.22)	0.035 (1.48)	0.029 (1.47)	0.029 (1.47)	0.029 (1.47)
Lev	0.168*** (5.43)	−0.001 (−0.01)	0.005 (0.10)	0.006 (0.14)	0.008 (0.17)
ROA	0.152* (1.77)	−0.040 (−0.35)	−0.030 (−0.33)	−0.030 (−0.34)	−0.031 (−0.35)
Growth	0.009 (1.64)	−0.003 (−0.25)	−0.000 (−0.06)	−0.000 (−0.07)	−0.000 (−0.07)
Ownership	−0.038*** (−3.16)	−0.086 (−1.59)	−0.066 (−1.49)	−0.066 (−1.50)	−0.067 (−1.51)
Cash	0.000 (0.99)	−0.002 (−0.63)	−0.002 (−0.74)	−0.002 (−0.73)	−0.002 (−0.73)
Fix	−0.022 (−1.41)	−0.133* (−1.75)	−0.098 (−1.60)	−0.097 (−1.57)	−0.096 (−1.56)
Institution	0.001 (0.08)	−0.051 (−1.33)	−0.035 (−1.18)	−0.036 (−1.20)	−0.036 (−1.20)
Firmwb	0.001 (0.13)	−0.046 (−1.47)	−0.038 (−1.31)	−0.038 (−1.31)	−0.038 (−1.31)
SOE	0.009 (1.63)	−0.031* (−1.74)	−0.024 (−1.64)	−0.024* (−1.65)	−0.023 (−1.63)
Industry effect	Yes	Yes	Yes	Yes	Yes

续表

Variable	(1) Debt_cost	(2) Debt_cost	(3) Debt_cost	(4) Debt_cost	(5) Debt_cost
Time effect	Yes	Yes	Yes	Yes	Yes
Obs	11 336	630	630	630	630
R-squared	0.07	0.22	0.20	0.20	0.20

注：所有系数估计值都使用异方差调整和公司聚类调整得到的稳健性标准误。括号中数字为对应的 t 值。*、**、*** 分别表示在 10%、5%、1% 的置信水平上显著（双尾检验）。

因企业家微博样本量占总样本量的比例较低，为了避免计量偏差及缓解自选择问题，使用倾向得分匹配方法（PSM）。表 5.3 的回归结果显示，企业家微博发布对债务融资成本无显著影响，下面仅关注权益融资成本。事实上，在对债务融资成本进行 PSM 匹配后，配对后的样本回归结果仍然显示企业家微博对债务融资成本无显著影响，因而该结果稳健。

在对影响权益融资成本的相关变量进行匹配时，本书参考卢文彬等（2014）、李慧云和刘镝（2016）对权益资本成本的研究，发现影响我国企业权益融资成本的因素主要有：（1）系统性风险，由于投资组合的存在使得非系统性风险可以规避。本书使用贝塔值（Beta）进行衡量。（2）财务风险，过高的负债率会增加公司的财务风险，从而导致权益资本成本的提升。本书采用资产负债率（Lev）进行衡量。（3）股票流动性，研究指出股票流动性越好，投资者预期收益越低，权益融资成本也越低。本书使用股票流动性（LIQ）进行衡量。（4）另外，本书使用账面市值比（MTB）、总资产自然对数（Size）和上市年限（Fage）来分别控制公司股价水平、公司规模和上市时间等公司基本面情况。在考虑上述因素的基础上，进一步考虑了企业官方微博（Firmwb）这一变量，以排除企业层面的信息披露影响，在控制行业和时间的基础上进行配对。根据倾向得分结果，本书首先去除实验组和控制组中倾向得分远超一般匹配范围的样本（Caliendo & Kopeinig，2008），然后从控制组中选择与实验组每个样本临近区间内倾向得分匹配最接近的样本进行一一匹配，最终得到 630 个实验组数据与 630 个对照组数据。

图 5.1 描绘了 PSM 过程中平行趋势检验结果。结果显示，匹配前后所有

变量的标准化偏差均大幅缩小，满足平行趋势假定。可以进行 PSM 回归检验。

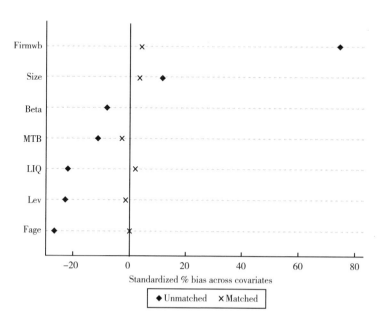

图5.1　融资成本 PSM 过程中平行趋势检验结果

表5.4列示了企业家微博对权益融资成本回归的结果。列（1）为全样本模型（5.2）的回归结果。企业家微博发布能够显著降低企业权益融资成本，Wb 的回归系数为 -0.003，且该系数通过10%水平的显著性检验。列（2）是基于 PSM 匹配后的样本，结果显示，企业家微博发布显著降低了权益融资成本，且在5%水平上显著，相比列（1）显著性有所提高。Wb 的系数为 -0.037，即在控制其他影响因素和企业家发布微博后，其所在企业权益融资成本可以降低3.7个百分点。经济意义上，给定企业家微博样本的权益融资成本为8.4%，则降低幅度达到30.58%　[0.037/（0.037 + 0.084）]。列（3）~（6）只关注企业家微博样本，结果显示，企业家微博发布条数（Wb_Num）、评论条数（Comment）、转发条数（Transmit）以及点赞条数（Likenum）的系数均为负数。其中，除点赞条数外，其余回归系数均通过10%水平的显著性检验，说明企业家微博使用程度越高、传播与关注度越

高，权益成本下降越明显。在列（3）中，Wb_Num 的系数为 −0.003，在经济意义上，控制其他影响因素后，给定微博发布数量（取对数后）增加一个标准差，权益融资成本降低 0.66%（2.209 × 0.003 × 100%）。以上结果说明企业家微博不仅在统计上能够显著降低企业的权益融资成本，在经济上也具有显著性。

表 5.4 　　　　　　　　　　企业家微博对权益融资成本的影响

Variable	Equity_cost					
	(1)	(2)	(3)	(4)	(5)	(6)
Constant	0.084 ***	0.032	− 0.017	0.537	0.532	0.470
	(3.95)	(0.07)	(− 0.17)	(1.12)	(1.09)	(0.96)
Wb	− 0.003 *	− 0.037 **				
	(− 1.71)	(− 2.14)				
Wb_Num			− 0.003 *			
			(− 1.73)			
Comment				− 0.003 *		
				(− 1.68)		
Transmit					− 0.005 *	
					(− 1.88)	
Likenum						− 0.003
						(− 0.95)
Size	0.000	− 0.002	0.001	− 0.021	− 0.021	− 0.018
	(0.40)	(− 0.10)	(0.21)	(− 1.03)	(− 1.00)	(− 0.87)
Beta	− 0.013 ***	0.007	0.020	0.017	0.017	0.014
	(− 4.40)	(0.44)	(0.92)	(0.69)	(0.72)	(0.56)
Lev	0.032 ***	0.045	0.025	0.069 *	0.072 *	0.0177 *
	(5.11)	(1.32)	(0.83)	(1.68)	(1.70)	(1.78)
MTB	0.014 ***	0.052 ***	0.015 **	0.020	0.020	0.019
	(11.83)	(3.23)	(1.99)	(1.26)	(1.27)	(1.19)
ROA	− 0.142 ***	0.019	− 0.156 **	− 0.067	− 0.066	− 0.063
	(− 4.95)	(0.25)	(− 2.42)	(− 0.54)	(− 0.56)	(− 0.52)
LIQ	− 0.002 **	− 0.001	− 0.006	− 0.009 *	− 0.009 *	− 0.009 *
	(− 2.57)	(− 0.25)	(− 1.34)	(− 1.71)	(− 1.91)	(− 1.74)

续表

Variable	Equity_cost					
	(1)	(2)	(3)	(4)	(5)	(6)
TOTA	−0.003 * (−1.88)	0.038 (1.63)	0.027 ** (2.58)	−0.016 (−0.43)	−0.013 (−0.35)	−0.016 (−0.44)
Growth	−0.006 *** (−6.82)	0.006 (1.46)	0.002 (0.44)	−0.005 (−0.79)	−0.005 (−0.76)	−0.006 (−0.82)
Institution	−0.007 * (−1.92)	0.017 (0.51)	0.012 (0.49)	−0.021 (−0.45)	−0.020 (−0.42)	−0.023 (−0.50)
FirmWb	0.002 (1.14)	0.001 (0.02)	−0.003 (−0.28)	−0.039 (−1.09)	−0.037 (−1.03)	−0.043 (−1.22)
SOE	−0.004 ** (−2.57)	−0.006 (−0.73)	−0.018 ** (−2.25)	−0.013 (−1.58)	−0.012 (−1.43)	−0.014 * (−1.78)
Industry effect	Yes	Yes	Yes	Yes	Yes	Yes
Year effect	Yes	Yes	Yes	Yes	Yes	Yes
Obs	39 375	1 260	630	630	630	630
R-squared	0.25	0.24	0.25	0.24	0.25	0.24

注：所有系数估计值都使用异方差调整和公司聚类调整得到的稳健性标准误。括号中数字为对应的 t 值。*、**、*** 分别表示在 10%、5%、1% 的置信水平上显著（双尾检验）。

结合表 5.3 和表 5.4 的整体结果可知，在控制其他影响因素后，企业家微博对其所在企业的债务融资成本没有显著影响，但对权益融资成本的降低有显著影响。除了企业家微博对债务融资成本的降低没有通过显著性检验外，假说 H5.1 的其他预期均得以验证。下面将重点关注企业家微博与权益融资成本的关系。

二、市场化进程与外部信息环境的调节作用

进一步检验企业融资环境与外部信息环境是否会影响企业家微博与权益融资成本之间的关系。根据模型（5.3）和模型（5.4）分别引入交乘项 Wb × Mp、Wb × Media、Wb × Analyst。回归结果如表 5.5 所示：列（1）为模型（5.3）的结果，交乘项 Wb × Mp 的系数为 0.009，且该系数通过 5%

水平的显著性检验，说明当企业所在地区的市场化进程越高，融资环境越好，企业家微博对权益融资成本的降低作用越不明显，换言之，企业家微博对权益融资成本的降低作用在市场化进程低的地区更为明显。

表 5.5　　企业融资环境与外部信息环境的影响（H5.2 和 H5.3）

Variable	Equity_cost		
	（1）	（2）	（3）
Constant	-0.002 （-0.03）	0.104 （1.28）	-0.028 （-0.36）
交乘项	0.009 ** （2.30）	0.001 *** （3.68）	0.001 ** （2.13）
Wb	-0.073 ** （-2.37）	-0.003 （-0.61）	-0.012 （-1.64）
Mp	0.001 （0.43）		
Media		-0.001 *** （-2.85）	
Analyst			-0.000 （-1.64）
Size	0.003 （0.99）	-0.002 （-0.45）	0.004 （1.07）
Beta	-0.017 （-1.35）	-0.014 （-0.79）	-0.008 （-0.57）
Lev	0.000 （0.02）	-0.016 （-0.67）	0.005 （0.20）
MTB	0.012 *** （2.88）	0.013 *** （3.01）	0.014 *** （3.03）
ROA	-0.199 *** （-4.18）	-0.216 *** （-2.82）	-0.092 （-1.38）
LIQ	0.002 （0.62）	-0.004 （-0.80）	0.001 （0.38）
TOTA	0.018 *** （3.36）	0.021 *** （2.91）	0.017 *** （3.09）

续表

Variable	Equity_cost		
	(1)	(2)	(3)
Growth	-0.006 (-1.19)	-0.004 (-0.78)	-0.013 (-1.21)
Institution	-0.002 (-0.12)	0.001 (0.03)	-0.000 (-0.01)
Firmwb	-0.004 (-0.69)	0.005 (0.66)	-0.004 (-0.48)
SOE	-0.004 (-0.63)	-0.005 (-0.74)	-0.002 (-0.31)
Industry effect	Yes	Yes	Yes
Year effect	Yes	Yes	Yes
Obs	1 260	1 260	1 260
R-squared	0.22	0.22	0.19

注：所有系数估计值都使用异方差调整和公司聚类调整得到的稳健性标准误。括号中数字为对应的 t 值。*、**、*** 分别表示在 10%、5%、1% 的置信水平上显著（双尾检验）。

列（2）和列（3）为模型（5.4）的结果，其中，列（2）中交乘项 Wb×Media 的系数为 0.001，在 1% 水平上显著；列（3）中交乘项 Wb×Analyst 的系数为 0.001，在 5% 水平上显著。这说明当企业外部信息环境越好时，企业家微博对权益融资成本的降低作用越不显著；相反，在企业外部环境薄弱时，企业家微博更有助于降低企业权益融资成本。以上结果说明，企业家微博这一非正式信息机制对改善信息环境影响起到显著作用，假说 H5.2 和假说 H5.3 均得到证实。

三、企业家微博内容特征与权益融资成本

与第四章相同，按三个维度来刻画企业家微博的内容特征：一是根据信息内容是否与企业相关进行划分。徐巍和陈冬华（2016）在对官方微博进行分析时，将官方微博中与公司相关的信息定义为公司微博披露。黄静等

（2014）的研究将企业家微博信息区分为"做人"与"做事"，"做人"即对应本书的个性化微博，"做事"可对应为本书的披露式微博。借鉴上述研究，本书将企业家微博分为"披露式微博"和"个性化微博"，前者与企业直接相关，后者与企业不直接相关。二是根据微博中是否传递企业家自身拥有的社会关系进行划分。每条微博都可以艾特其他用户，这一行为本身就具有信息含量，即向外部信息使用者传递企业家与艾特用户之间存在某种联系或者关系。由此，本书将企业家微博区分为包含艾特的微博与不包含艾特的微博。艾特微博越多，说明企业家定向传递信息的意愿更强烈，也传递了企业家社会关系的信息。三是根据披露信息的语调及用词进行划分。詹纳斯（2013）利用自然语言处理技术深入分析微博的文本内容（如命名实体、情感倾向等），发现内容特征能够提升微博信息流行度的预测准确性。按照微博信息的情感倾向分为正向情感语调信息与负向情感语调信息。

第一，参考徐巍与陈冬华（2016）的做法，按照企业家微博发布的内容进行文本分析，将包含企业日常经营管理相关的微博定义为披露式微博，比如新产品推广、重要事件公告等；否则定义为个性化微博，如涉及个人兴趣爱好、心情感悟等内容。分类标准为设置业务类（如"签约""投资"）、财务类（如"收入""业绩"）、研发类（如"研发""开发"）和声誉类（如"荣誉""喜获"）共计102个与企业相关的关键词，由此区分出企业家微博信息与企业是否相关联。表5.6列示了不同微博内容对权益融资成本的影响。其中，Person为当年企业家微博中个性化微博的总条数取对数，Company为当年企业家微博中披露式微博的条数加总取对数，Personal为个性化微博条数占总微博条数的比例。列（1）中Person的回归系数为 -0.004，且该系数在10%水平上显著，说明个性化微博发布越多，越有利于降低权益成本。列（2）中Company的回归系数为 -0.003，且该系数在10%水平上显著，表明披露式微博发布越多，越有利于降低权益成本。列（3）中Personal的回归系数为 -0.028，且该系数在10%显著性水平上通过检验，说明个性化微博比例越高，权益成本下降越明显。综上所述，企业家微博中的个性化微博和披露式微博均会降低企业权益融资成本，但个性化微博比例越高，权益成本下降越明显。通过深入分析可知，披露式微博与企业正式信息机制承担的角色类似，均传递企业相关信息，而这些信息仅通过企业家微博披露而不通过正式渠道披露的可能性较小（徐巍和陈冬华，2016）。因而披露式微博可能大多是已经公开披露的重复性信息，但这些信息经过企业家更加生动、详细地加工与解读后，仍然会影响投资者的评判。而个性化微博不同于企业官方微博，传递的更多是与企业家个人特征相关的信息，有利于投资者了解企业掌舵者的特征。当企业家微博发布更多个性化信息时，外界对其个人的认知会更多，有些人还会成为其微博粉丝。企业家通过微博与粉丝互动，拉近双方的心理距离，人格化形象凸显，信任度会随之增加（Elliott et al.，2018），从而有利于降低权益成本。

表5.6　　　　　　　　披露式微博、个性化微博与权益融资成本

Variable	Equity_cost		
	（1）	（2）	（3）
Constant	−0.032 （−0.30）	−0.018 （−0.16）	−0.012 （−0.12）
Person	−0.004* （−1.78）		
Company		−0.003* （−1.66）	
Personal			−0.028* （−1.68）
Size	0.001 （0.18）	0.002 （0.40）	0.001 （0.15）
Beta	0.021 （0.88）	0.017 （0.76）	0.017 （0.81）
Lev	0.035 （1.12）	0.025 （0.64）	0.037 （1.27）
MTB	0.015* （1.94）	0.015** （2.19）	0.014** （2.28）

Variable	Equity_cost		
	(1)	(2)	(3)
ROA	− 0. 121 ** (− 2. 04)	− 0. 152 ** (− 2. 23)	− 0. 144 ** (− 2. 37)
LIQ	− 0. 006 (− 1. 31)	− 0. 007 (− 1. 55)	− 0. 005 (− 1. 16)
TOTA	0. 022 ** (2. 35)	0. 029 ** (2. 44)	0. 026 ** (2. 55)
Growth	0. 002 (0. 50)	0. 002 (0. 45)	0. 001 (0. 27)
Institution	0. 012 (0. 46)	0. 007 (0. 29)	0. 016 (0. 67)
Firmwb	0. 001 (0. 06)	− 0. 002 (− 0. 15)	− 0. 005 (− 0. 44)
SOE	− 0. 019 ** (− 2. 32)	− 0. 016 * (− 1. 92)	− 0. 019 ** (− 2. 41)
Industry effect	Yes	Yes	Yes
Time effect	Yes	Yes	Yes
Obs	594	540	630
R-squared	0. 23	0. 24	0. 25

注：所有系数估计值都使用异方差调整和公司聚类调整得到的稳健性标准误。括号中数字为对应的 t 值。* 、** 、*** 分别表示在 10% 、5% 、1% 的置信水平上显著（双尾检验）。

第二，企业家社会资本是企业发展过程中的重要资源。尤其在中国，"关系"被认为是影响企业价值的重要变量（陆瑶和胡江燕，2014；翟胜宝等，2014；王永跃和段锦云，2015）。在正式制度缺位的情况下，企业家人际关系网络这一非正式替代机制可以有效减少企业运营的不确定性，增强其竞争优势。企业家微博中与粉丝的互动本身即是一种点对点（一对一或一对多）的信息传递。同时，企业家与某些用户之间的互动，也会向其他用户传递企业家社会资本的信息。

本书对微博中是否包含艾特（@）进行统计。其中，At 表示包含艾特的微博条数，并对数化处理；At（person）表示个性化微博中包含艾特的微博条数取对数；At（company）表示披露式微博中包含艾特的条数取对数。表 5.7 结果显示，列（1）中 At 的回归系数为 -0.008，且该系数在 10% 的水平上显著，说明企业家微博中包含艾特的条数（At）越多，权益融资成本下降越明显。列（2）、列（3）结果显示，无论是个性化微博中还是披露式微博中，包含艾特的条数越多越有利于降低权益成本。回归系数分别为 -0.008 和 -0.010，且均通过 10% 水平的显著性检验。以上结果表明，企业家微博定向的信息传递更有利于降低权益融资成本。

表 5.7　　　　　　　　　是否包含艾特（@）与权益融资成本

Variable	Equity_cost		
	（1）	（2）	（3）
Constant	0.245 (0.78)	0.168 (0.51)	0.215 (0.65)
At	-0.008 * (-1.73)		
At（person）		-0.008 * (-1.66)	
At（company）			-0.010 * (-1.76)
Size	-0.013 (-0.94)	-0.004 (-0.28)	-0.005 (-0.33)
Beta	0.033 (0.59)	0.038 (0.98)	0.050 (1.22)
Lev	0.091 (1.07)	0.014 (0.15)	0.006 (0.06)
MTB	0.022 (1.50)	0.028 * (1.90)	0.028 * (1.96)
ROA	-0.147 (-0.55)	-0.354 (-1.61)	-0.415 (-1.27)

续表

Variable	Equity_cost		
	（1）	（2）	（3）
LIQ	−0.007 （−0.52）	−0.010 （−0.99）	−0.007 （−0.71）
TOTA	0.028 （1.33）	0.016 （0.84）	0.010 （0.47）
Growth	0.001 （0.03）	−0.024 （−1.26）	−0.022 （−1.18）
Institution	0.035 （0.58）	0.007 （0.12）	0.015 （0.29）
Firmwb	−0.014 （−0.56）	−0.013 （−0.53）	−0.018 （−0.85）
SOE	−0.018 （−0.67）	−0.014 （−0.52）	−0.022 （−0.95）
Industry effect	Yes	Yes	Yes
Time effect	Yes	Yes	Yes
Obs	630	594	540
R-squared	0.31	0.26	0.25

注：所有系数估计值都使用异方差调整和公司聚类调整得到的稳健性标准误。括号中数字为对应的 t 值。*、**、*** 分别表示在 10%、5%、1% 的置信水平上显著（双尾检验）。

第三，企业家微博也是企业家形象的展示窗口，本书按情感的积极和消极倾向将个性化微博分为"正向"和"负向"，以此来检验不同情感的信息传递对融资成本的影响。为了保证数据的客观性和可验证性，使用百度 AI 开放平台中的"情感倾向分析"接口对企业家微博情感倾向进行评分。将企业家个性化微博区分为正向情感倾向和负向情感倾向，当"正向"概率大于"负向"概率时定义为正向情感倾向（占比 62.8%），反之为负向情感倾向（占比 37.2%）。Positive 和 Negative 分别表示正向情感倾向微博条数取对数和负向情感倾向微博条数取对数。Positive（%）为正向情感倾向微博条数占比。表 5.8 结果显示，列（1）中 Positive 的系数为 −0.012，且在 5% 水平上显著。列（2）中 Negative 的系数为 −0.009，在 10% 水平上显著。这些结果说明无论正面倾向信息还是负面倾向信息均会显著降低企业的权益融资成本。这一结果在意料之外，但也在情理之中。微博传递的是关于企业家的信息，一个360度完美的企业家形象固然好，但一个有哭有笑、有血有肉的企业家形象也能获得公众的认同感和共情感。列（3）中 Positive（%）的系数为 −0.091，且在5%水平上显著，说明虽然正面和负向情感都能降低权益融资成本，但传递更多的正能量信息更有利于投资者认可。

表5.8　　　　　　　　　不同情感倾向与权益融资成本

Variable	Equity_cost		
	（1）	（2）	（3）
Constant	0.514 （1.28）	0.091 （0.19）	−0.009 （−0.01）
Positive	−0.012** （−2.24）		
Negative		−0.009* （−1.74）	
Positive（%）			−0.091** （−2.35）
Size	−0.015 （−0.92）	0.004 （0.21）	0.003 （0.05）
Beta	0.028 （0.69）	0.080 （1.31）	0.030 （0.57）
Lev	0.041 （0.39）	0.013 （0.09）	−0.069 （−0.46）
MTB	0.030* （1.86）	0.013 （0.79）	0.056*** （2.77）
ROA	−0.404 （−1.26）	−0.362 （−0.85）	−0.104 （−0.29）
LIQ	−0.009 （−0.90）	−0.026** （−2.29）	−0.008 （−0.79）
TOTA	−0.003 （−0.12）	−0.018 （−0.56）	−0.030 （−0.27）

续表

Variable	Equity_cost		
	（1）	（2）	（3）
Growth	−0.013 （−0.65）	−0.005 （−0.18）	−0.008 （−0.31）
Institution	0.067 （1.34）	0.084 （1.65）	0.095 （1.45）
Firmwb	0.003 （0.16）	0.021 （0.79）	−0.002 （−0.04）
SOE	−0.006 （−0.26）	0.003 （0.10）	0.024 （1.07）
Industry effect	Yes	Yes	Yes
Time effect	Yes	Yes	Yes
Obs	630	630	630
R-squared	0.25	0.25	0.39

注：所有系数估计值都使用异方差调整和公司聚类调整得到的稳健性标准误。括号中数字为对应的 t 值。*、**、*** 分别表示在 10%、5%、1% 的置信水平上显著（双尾检验）。

第四节　稳健性检验

一、不同权益资本成本衡量方法

主检验中，权益成本是由 PEG 模型、MPEG 模型与 OJN 模型计算的融资成本的均值，本部分分别对这三种模型计算出的权益成本进行回归检验，以避免权益融资成本计量的偏差。表 5.9 给出三种权益融资成本作为因变量的回归结果。3 个回归中，Wb 的回归系数分别为 −0.002、−0.005 和 −0.005，其中列（2）与列（3）中 Wb 的系数通过 5% 水平的显著性检验，说明企业家微博有助于降低企业权益融资成本，本章主结果稳健。

表 5.9　　　　　　　　　　　不同权益资本成本衡量的结果

Variable	Equity_cost		
	(1)	(2)	(3)
Constant	0. 227 ***	0. 083 ***	0. 104 ***
	(4. 86)	(5. 54)	(6. 59)
Wb	− 0. 002	− 0. 005 **	− 0. 005 **
	(− 1. 01)	(− 2. 02)	(− 2. 00)
Size	− 0. 006 ***	− 0. 000	− 0. 001
	(− 2. 75)	(− 0. 14)	(− 1. 01)
Beta	− 0. 011 *	− 0. 012 ***	− 0. 011 ***
	(− 1. 73)	(− 5. 39)	(− 4. 89)
Lev	0. 089 ***	0. 001	0. 002
	(6. 01)	(0. 17)	(0. 50)
MTB	0. 023 ***	0. 015 ***	0. 015 ***
	(7. 55)	(13. 52)	(13. 65)
ROA	− 0. 319 ***	− 0. 376 ***	− 0. 381 ***
	(− 4. 85)	(− 25. 87)	(− 23. 72)
LIQ	− 0. 002	− 0. 001 **	− 0. 001 **
	(− 1. 28)	(− 2. 29)	(− 2. 33)
TOTA	− 0. 009 **	− 0. 002 *	− 0. 002 *
	(− 2. 15)	(− 1. 74)	(− 1. 81)
Growth	− 0. 008 ***	− 0. 003 ***	− 0. 003 ***
	(− 3. 88)	(− 4. 89)	(− 4. 15)
Institution	− 0. 014 *	− 0. 018 ***	− 0. 017 ***
	(− 1. 80)	(− 5. 79)	(− 5. 39)
Firmwb	− 0. 003	− 0. 000	− 0. 000
	(− 1. 01)	(− 0. 01)	(− 0. 13)
SOE	− 0. 010 **	− 0. 001	− 0. 001
	(− 2. 39)	(− 0. 81)	(− 0. 65)
Industry effect	Yes	Yes	Yes
Time effect	Yes	Yes	Yes
Obs	1 260	1 260	1 260
R-squared	0. 24	0. 53	0. 53

注：所有系数估计值都使用异方差调整和公司聚类调整得到的稳健性标准误。括号中数字为对应的 t 值。*、**、*** 分别表示在10%、5%、1%的置信水平上显著（双尾检验）。

二、内生性问题

(一) 遗漏变量问题

企业家是否发布微博可能受到自身特征及企业特征的共同影响，前面已控制企业层面的影响因素。本部分增加企业家层面的影响因素，控制企业家个体特征。余明桂等（2013）指出，代表企业家个人特征的变量主要有性别、年龄及受教育程度，且这三个变量一定程度上可以代表企业家个人能力和心理特征（江伟，2010；Schrand & Zechman，2012；Huang & Kisgen，2013）。本书加入性别（Male，哑变量；0代表女性，1代表男性）、年龄（Age，企业家当年年龄）及受教育程度（Education，中专 = 1，高中 = 2，大专 = 3，本科 = 4，硕士 = 5，博士 = 6）三个变量后，重新对本书的结论进行验证。

表5.10列（1）结果显示，Wb 的回归系数为 - 0.007，且在10%的水平上通过显著性检验，说明即使控制遗漏变量问题后，企业家微博仍对权益融资成本有显著负向影响，本书的主要结论依然稳健。

表 5.10 稳健性检验

Variable	Equity_cost			
	（1）	（2）	（3）	（4）
Constant	0.108 (1.47)	0.004 (0.09)	0.107 (1.43)	0.102 (0.70)
Wb/IV	- 0.007 * (- 1.71)	- 0.492 * (- 1.84)		
Treated			- 0.001 (- 0.13)	
Treated × After			- 0.002 * (- 1.75)	
Wb_num				- 0.004 * (- 1.79)
Male	0.000 (0.04)			

续表

Variable	Equity_cost			
	（1）	（2）	（3）	（4）
Age	−0.001 （−1.48）			
Education	0.003 （0.71）			
Size	0.000 （0.04）	0.005 ** （2.32）	−0.000 （−0.01）	−0.004 （−0.58）
Beta	−0.026 （−1.61）	0.002 （0.17）	−0.025 * （−1.78）	0.030 （1.25）
Lev	0.013 （0.68）	0.012 （0.57）	0.011 （0.68）	−0.010 （−0.27）
MTB	0.017 *** （3.77）	0.002 （0.96）	0.016 *** （4.14）	0.023 ** （2.29）
ROA	−0.124 * （−1.71）	−0.453 *** （−6.60）	−0.142 ** （−2.25）	−0.205 * （−1.81）
LIQ	0.002 （0.51）	−0.003 ** （−2.17）	−0.002 （−0.69）	−0.006 （−1.12）
TOTA	0.004 （0.35）	0.000 （0.01）	0.002 （0.19）	0.035 *** （3.27）
Growth	−0.002 （−0.52）	−0.015 ** （−2.35）	−0.002 （−0.46）	−0.002 （−0.36）
Institution	0.007 （0.53）	−0.017 （−1.43）	0.004 （0.28）	0.015 （0.53）
Firmwb	0.002 （0.40）	0.015 （0.76）	−0.002 （−0.38）	−0.015 （−1.37）
SOE	−0.019 *** （−2.98）	0.001 （0.22）	−0.018 *** （−3.60）	−0.009 （−0.77）
Industry effect	Yes	Yes	Yes	Yes
Time effect	Yes	Yes	Yes	Yes
Obs	1 260	7 902	1 452	630
R-squared	0.21	0.16	0.27	0.52

注：所有系数估计值都使用异方差调整和公司聚类调整得到的稳健性标准误。括号中数字为对应的 t 值。*、**、*** 分别表示在10%、5%、1%的置信水平上显著（双尾检验）。列（1）使用前面 PSM 匹配后的样本量，列（2）使用全样本，列（3）是基于是否开通微博的 PSM 匹配，样本量有所变化，列（4）仅使用有微博发布的样本。

（二）工具变量法

解决内生性的最佳方法是通过构造随机试验以获取变量之间的因果关系。其中，工具变量法（Ⅳ）被认为是最接近随机试验的研究设计方法之一。为解决因遗漏变量带来的内生性问题，需要找到一个外生工具变量，本书使用"微博用户使用数量"作为工具变量，根据新浪微博数据中心历年发布的《微博用户发展报告》中披露的"微博月活跃人数"定义微博用户使用数量，使用两阶段最小二乘法进行回归。回归中使用的控制变量与前面的控制变量保持一致。

表5.10列（2）列示了2SLS中第二阶段的回归结果，结果显示工具变量的两阶段回归系数为 -0.492，且在10%水平上通过显著性检验，说明本书主回归结果依然稳健。

（三）PSM + DID 方法

企业家发布微博不是随机的，存在自选择问题。前面已运用PSM进行初步解决，为验证结果的稳健性，使用 PSM + DID 的方法进一步检验。PSM方法与前面一致，在此基础上运用双重差分检验，设置 Treated 为企业家是否开通微博，开通微博取值为1，未开通微博取值为0。After 为开通微博时间前后，微博开通前取值为0，微博开通后取值为1。表5.10列（3）结果显示，交乘项 Treated × After1 的系数为 -0.002，且在10%水平上显著，说明开通微博的实验组比未开通微博的对照组权益融资成本下降更为显著。

（四）微信的冲击

2011年1月微信注册，随着版本的更新与功能的增加，到2012年3月，微信用户数已然突破1亿大关，这一里程碑式进步标志着微信的迅速崛起。微信的到来对微博产生了巨大冲击，许多用户从微博转移到微信。为了验证本书结论在微信的外生冲击下仍然有效，以2012年为界，将样本缩小至

2013～2017 年，观察本书结论是否存在。

表 5.10 列（4）结果显示，随着的微信兴起，微博发布数量对权益资本成本的降低作用依然显著，说明微信等新媒体的出现，并没有改变微博的信息传递效果，微博仍是外部投资者获取信息的重要来源。究其原因，自媒体平台的属性不同。微博是桥接型社会网络，而微信是结合型社会网络，即微博是公开化的，而微信是私密化的。微信中只有好友才能看到个人发布的朋友圈，而微博则通过搜索功能（无须添加好友）即可看到个人发布的相关信息。因而，本书的研究结果可以推广至桥接型的社会网络平台。

第五节 本章结论

本章以 2010～2017 年 A 股上市公司的企业家微博为研究对象，进一步从融资角度解释企业价值提升的机理，并进一步分析非正式信息传递机制在正式机制相对缺失的情况下的作用效果。实证结果表明：（1）企业家微博有助于降低企业权益融资成本，但对债务融资成本没有显著影响，对权益融资成本的影响在发布微博条数、评论条数以及转发条数越多的情况下越明显。（2）在我国市场发展不均衡的情况下，在市场化进程较低的地区，企业家微博与权益融资成本之间的负相关程度更加显著。这提示非正式信息传递机制可能是对市场发展水平失衡的一种应对，为解决中小企业融资难问题提供了全新的思路。（3）企业家微博对权益融资成本的降低作用在企业外部信息环境薄弱的情况下更为显著。这提示企业在正式机制缺失的情况下，寻求非正式信息机制来弥补。（4）与公司不直接相关的个性化微博和与公司直接相关的披露式微博都与权益融资成本显著负相关，但个性化微博比例越高越有利于权益融资成本的降低。包含艾特（@）的微博比例越多，或正向情感倾向比例越高，权益融资成本下降越明显。

本章结论说明，非正式信息传递是一个有效机制，是对正式机制的重要补充。企业家微博并非只是单纯的个人行为，其承担着重要的组织目的，企业家的一言一行会传导到其所在的企业。学术上，本章创新性地将非正式信息传递机制纳入影响融资成本的因素，拓展了现有影响企业融资的理论范畴。实务上，本章结果可以为融资难、融资贵的民营企业或是中小企业提供新的融资视角。

| 第六章 |

非正式信息传递机制的选择动因

第四章和第五章从信息传递角度探讨了企业家微博对企业价值的影响及其影响路径。在此基础上，本章进一步研究企业家微博的选择动因，即企业家为什么发布微博以及何种类型的企业更倾向于进行非正式信息传递。本章拟解决的问题是：（1）基于信息传递理论的分析，信息不对称程度更高的企业中企业家是否更倾向于选择微博？（2）具体来说，高科技企业的信息不对称水平相对更高，那么该类企业会更倾向于选择企业家微博吗？

第一节　理论分析与研究假说

根据前面的信息传递假说，企业家微博有助于降低投资者与企业之间的信息不对称程度，以企业家性格能力、风险偏好等信息为例，这些信息无法直接通过企业自身的会计信息系统获取，但又对企业发展与决策产生重要影响，是会计信息的有益补充。当企业与外部存在严重的信息不对称时，企业往往采用联动的方式传递信息，即不单单是通过正式的信息传递机制，更可能是在正式信息传递机制之外补充非正式信息传递，如利用媒体报道披露。企业家微博同样具有信息传递功能。在信息不对称情况严重时，很可能是企业通过正式信息传递机制无法解决，因为正式信息传递机制中很多都是强制性的、规范性的，如年报、重大事项公告等，这些信息缺乏一定程度的灵活性，很难有针对性地有效改善企业所处的信息环境。相比之下，非正式信息传递机制多元化、多样化的特色，可以帮助企业更加精准、详细地传递所需传递的信息。

信息披露是一把"双刃剑"（Hermalin & Weisbach，2012），一方面，更多的信息披露有利于投资者准确地做出决策判断，抑制代理问题；另一方面，它也会造成无效率或者流失关键性信息。因而，信息披露是存在"天花板"的，不能无限制增加。很多企业重要信息无法披露或传递，主要原因可能有两方面：一是该信息不能传递，如很多隐性交易或者关系型交易；二是该信息传递成本太高，信息专有性太强，无法有效传递。此时，企业需要寻求一些替代性解决方案来弥补信息传递的缺失，企业家媒体呈现就是其中一种方式。当企业信息披露存在"难言之隐"时，企业家的形象作用就得到凸显，相信企业家就是相信企业的发展。企业家微博不同于企业层面的信息披露，更具有人格化、形象化特点。通过对企业家个人私有信息的传递，可以建立起投资者对企业家的信任感与认同感（Toombs & Harlow，2014；Elliot et al.，2018）。所以，当企业层面无法就相关信息进行有效披露时，对企业家个人的信任程度就显得格外重要。

具体以格力集团为例，2016 年 8 月格力电器（000651）发布公告拟收购珠海银隆，但至 11 月由于双方没有达成一致的交易方案最终导致收购终止，其间深交所对此发布关注函。① 2017 年 3 月格力集团董事长董明珠以个人名义正式投资银隆新能源，并于 2017 年 3 月 4 日发布了一条微博，内容为：在探讨环节中，知名财经评论家、财经专栏作家叶檀说道，以前有很多收购，但是都没有收购成功，为什么？因为大家都知道，这个市场最核心的东西不会给你。当然也有一些收购成功的，但是当成功了一次之后，人家就会意识到这一点了，你再用同样的套路去收购，恐怕就有问题了。所以从核心上来说，还是要自己做比较好。② 这条微博既清楚地阐明了此次投资收购

---

① 每日经济新闻网. 豪掷 18 亿元，格力电器"拿下"7 个月亏 7 亿多的银隆，董明珠造车梦再燃？［EB/OL］. https：//baijiahao. baidu. com/s?id = 1709657113895445152&wfr = spider&for = pc.

② 董明珠微博，https：//weibo. com/5872484124/EyfQJlKj7。

的目的（即要拥有自己的核心技术和知识产权），也为格力集团的多元化道路指明了方向。这些信息是无法通过正式公告传递的，投资者需要了解企业家是如何思考的，这些看似非正式的信息却同样重要。企业的投资或者并购具有严重的信息不对称情况，企业的投资者往往不了解具体的原因以及企业未来发展方向的考量，因而需要这些非正式信息传递制度传递某种信息。

基于上述分析，本书提出假说 H6.1：在其他条件等同的情况下，信息不对称程度越高的企业，企业家越倾向于发布微博。

新制度经济学指出，社会制度有利于解决经济行为中出现的经济问题，比如交易行为中的欺诈行为。制度中的交易保障和惩罚机制可以有效缓解欺诈行为，同时社会文化传统中的道德也会有效约束人的行为，从而在硬性契约和隐性契约双方面起到有力的保障。但格兰诺维特（1985）指出，这两个解决方式都无法真正地避免交易过程中的欺诈。一方面只有社会制度足够健全与完备才不会让人有机可乘，而一个完美无瑕的社会制度是很难建立的，总会存在某种程度上的漏洞；另一方面，受大众普遍接受的道德并非时刻存在。因此，格兰诺维特运用"嵌入性"理论来解释信任和欺诈。他指出，人们的交往并非是一次性的，而是不断重复博弈的过程，人们的交往往往是基于一定程度的相互信任，并且大家更愿意和拥有良好声誉度的人进行交易。而社会关系网络有助于建立信任，降低交易成本。比如，人们长期稳定生活在同一个村庄内，此时大家对彼此之间是有一定程度的相互了解与信任的，在以往无数次交往中，已经形成了对某个人的认知与评价，且这种认知与评价会在整个村庄的社会关系网中传递。微博是弱关系网络的典型代表，企业家发布微博，通过关注、粉丝、互粉形成社交链，在这一网络中企业家通过不断积累获取声誉，同时建立起与公众之间的信任度，从而极大增加其违约成本。艾略特等（2018）就指出，相比于企业官方层面的社交媒体发布的信息，CEO 在 Twitter 上发布的信息更有助于帮助建立投资者信任度，从而可以抵御企业负面信息带来的负面影响。

差序格局理论也指出，中国社会的人际关系是以个体为中心向外逐渐推出、关系逐渐疏远的同心波纹，也就是我们中国文化中所说的"亲疏有别"，对待不同的人会有不同的处事原则。而互联网的普及打破了时空、地域限制，传统的人际关系结构发生改变，亲疏关系不再简单地依赖血缘和地缘属性。尤其是移动互联网时代微博、微信等工具的出现使得高效率协同和一致行动变得简单，互联网社群根据兴趣爱好、价值观逐渐形成（Shirky，2008）。当企业家开通微博后，外界对其个人的认知会更多，其他用户会因为对其认同而成为粉丝，拉近双方的心理距离，此时人际关系划分可能会发生改变，由完全的陌生人变成利益伙伴或者相对更为亲近的生人。随着互动次数的增多，关系变得更加亲近，人格化形象凸显，信任度会随之增加。差序格局表面上是"关系"格局，实际上与关系格局相伴随的主要是人际间的信息沟通格局和信任格局（杨玉龙等，2014）。企业家开通微博，相当于在官方正式信息之外提供具有人格特征的信息，以个人声誉作为担保。一旦违约，违约行为会在网络中快速传播进而损害企业家社会资本。所以，企业家微博有利于提升投资者对其信任度与认同感，有些投资者甚至会成为其粉丝。

结合前面分析，企业家微博呈现有助于帮助投资者更加了解企业及企业家，通过主动展示企业家个人信息，建立与投资者之间的信任度与认同感，利用自媒体微博增加信息传递的广度和深度，减弱投资者的逆向选择行为。按照这一逻辑，本书认为高科技企业的企业家更倾向于进行社交媒体展示。原因如下：首先，高科技企业的共性是需要大量的研发支出，产品创新性较强。而创新伴随着严重的信息不对称和风险，李莉等（2014）指出高科技企业内外部信息存在严重的不对称。企业家有动机建立与投资者之间的信任度，降低他们的风险感知，从而获取更低的融资成本或者更高的估值等。其次，高科技企业具有大量专有知识无法进行有效传递。我们知道，知识转换成本越大，知识的专有性越强，而对于高科技企业来说，除了专业人士外社会公众很难深入理解其传递的部分信息，如产品研发技术、创新模式等。最后，高科技企业的信息传递是存在高成本的。为避免竞争对手的商业竞争，很多关键性信息或者说商业机密是无法传递的，而关系可为特定的行动提供信息。企业家微博呈现可以通过建立社会关系网络中的声誉机制提高可信度。

基于此，提出假说 H6.2：在其他条件等同的情况下，高科技企业的企业家更倾向于发布微博。

第二节　研究设计

一、模型设置和变量定义

根据假说，构建 Probit 模型（6.1），验证企业家微博的选择动因。

$$Wb_{it} = \beta_0 + \beta_1 X_{it} + \beta_2 Controls_{it} + Industry\_dummy + Year\_dummy + \varepsilon_{it}$$

$$(6.1)$$

其中，因变量 Wb 与前面保持一致，代表企业家是否发布微博并成为"大V"认证用户的哑变量。自变量 X 根据假说 H6.1 和 H6.2 分别取值企业信息不对称指标（Asymmetric）和高科技企业指标（High-tech）。预期系数 β_1 显著为正，说明企业信息不对称水平越高，企业家越倾向于发布微博。

企业信息不对称的指标选择股票非流动比率，该指标是目前学术界认可度和使用率最高的（章卫东等，2017），非流动比率越高，信息不对称程度越强。具体计算方法如下：

$$股票非流动比率 = \frac{\sum \sqrt{\dfrac{|股票日收益率|}{股票日交易量}}}{季度交易的天数} \quad (6.2)$$

高科技企业的指标为哑变量，当企业所属行业为高新技术行业时，取值为 1，否则为 0。按照假说 H6.2 的逻辑，本书认为高科技企业的企业家更倾向于进行开通微博。根据 OECD 的规定，本书将所属行业为计算机相关行业、电子行业、信息技术行业、生物制药行业及通信行业的企业定义为高科技企业。此外，进一步考察创新投入指标的影响，将"研发支出"和"研发人员"两个代理指标同时纳入考量。

控制变量方面，参考自愿性信息披露相关文献（Karamanou & Vafeas，

2005；Fan & Wong，2002），本书控制了企业层面的规模（Size）、资产负债率（Lev）、资产净利率（ROA）、流动比率（Liquidity）、主营业务收入增长率（Growth）、固定资产比率（Fix）及大股东持股比例（Ownership）。另外，本书还控制了企业性质（SOE）这一关键变量。此外，在企业家个人层面控制了性别（Gender）、年龄（Age）及受教育程度（Education）这三个基本人口属性。在所有回归分析模型中，均加入年份固定效应（Time effect）和行业固定效应（Industry effect），行业分类参考证监会 2001 版行业分类标准，非制造业按照一级代码分类，制造业按照二级代码分类。具体变量定义和计算方法见表 6.1。

表 6.1　　　　　　　　　　　主要变量定义

变量名称	变量符号	变量定义
企业家微博	Wb	哑变量，企业家开通新浪微博认证的"大 V"用户取值为 1，否则为 0
股票非流动比率	Asymmetric	股票非流动比率 $= \dfrac{\sum \sqrt{\dfrac{\mid 股票日收益率 \mid}{股票日交易量}}}{季度交易的天数}$
高科技企业	High-tech	哑变量，根据 OECD 的规定，所属行业为计算机相关行业、电子行业、信息技术行业、生物制药行业及通信行业的取值为 1，否则为 0
性别	Gender	哑变量，男性取值为 1，女性取值为 0
年龄	Age	企业家当年年龄
学历	Education	初中及以下 = 1，高中 = 2，大专 = 3，本科 = 4，硕士 = 5，博士 = 6
企业规模	Size	期末总资产取对数
资产负债率	Lev	总负债/总资产
资产净利率	ROA	净利润/总资产
流动比率	Liquidity	流动资产/流动负债
主营业务收入增长率	Growth	（本期主营业务收入 − 上期主营业务收入）/上期主营业务收入
固定资产比率	Fix	固定资产/总资产 × 100%
大股东持股比例	Ownership	第一大股东持股比例
企业性质	SOE	哑变量，国有企业取值为 1，否则为 0

二、样本选择和描述性统计分析

(一) 样本选择

本章实证分析部分的样本区间为 2010～2017 年，选取样本期内 A 股全部上市公司的年度数据作为初始样本，剔除由于财务数据缺失以及企业家微博相关信息缺失的样本。上市公司的财务数据来自国泰安（CSMAR）数据库，企业家是否开通微博利用 Python 爬虫技术获取。为了控制极端值的影响，所有连续变量均在 1% 和 99% 分位数上实施了缩尾处理。

(二) 主要变量描述性统计

表 6.2 报告了本章主要变量的描述性统计分析。因变量方面，Wb 的均值为 0.025，说明样本中年度平均有 2.5% 的企业家发布微博。Asymmetric 的均值为 0.218，最小值和最大值分别为 0.104 和 0.467，标准差为 0.094，表明公司间的信息不对称水平具有一定差异。High-tec 的均值为 0.238，说明样本中高科技企业占比为 23.8%。其余控制变量中，企业家平均年龄为 45 岁，学历平均值为 3～4，87.4% 为男性。企业层面的特征为：Size 的均值为 20.229，标准差达到 2.271，表明样本具有一定差异化；Lev 的均值为 0.452，最小值和最大值分别为 0.042 和 0.949，举债差异明显；ROA 的均值为 0.063，最小值为 -0.226，说明部分企业处于亏损状态，最大值为 0.381，标准差为 0.086，样本具有一定差异；Liquidity 的均值为 2.641，最小值和最大值分别为 0.213 和 21.643，差异明显；Growth 的均值为 0.292，最小值为 -0.576，出现负增长，最大值为 5.341，呈现高速增长，样本的标准差为 0.74，存在巨大差异；Fix 的均值为 0.246，标准差为 0.192，变化范围为 0～1；Ownership 的均值为 0.383，说明大股东持股比例平均为 38.3%，标准差为 0.173，最高值为 0.87；SOE 的均值为 0.617，说明样本中超过一半的比例都是国有企业。整体来看，样本公司的财务数据基本符合正态分布特征

并在样本期间内呈现一定的差异性。

表6.2 主要变量描述性统计

Variable	N	mean	sd	min	p25	p50	p75	max
Wb	53141	0.025	0.155	0	0	0	0	1
Asymmetric	53141	0.218	0.094	0.104	0.156	0.184	0.262	0.467
High-tech	53141	0.238	0.426	0	0	0	0	1
Gender	53141	0.874	0.332	0	1	1	1	1
Age	53141	44.926	7.963	27	39	45	50	65
Education	53141	3.891	0.988	2	3	4	4	6
Size	53141	20.229	2.271	15.325	18.522	20.405	21.798	25.850
Lev	53141	0.452	0.228	0.042	0.274	0.444	0.613	0.949
ROA	53141	0.063	0.086	−0.226	0.017	0.05	0.099	0.381
Liquidity	53141	2.641	3.216	0.213	1.104	1.632	2.744	21.643
Growth	53141	0.292	0.740	−0.576	−0.005	0.139	0.341	5.341
Fix	53141	0.246	0.192	0.002	0.088	0.21	0.365	0.791
Ownership	53141	0.383	0.173	0.086	0.247	0.362	0.500	0.870
SOE	53141	0.617	0.486	0	0	1	1	1

（三）主要变量相关系数

表6.3报告了主要变量的 Pearson 相关系数。相关系数表显示，企业家是否发布微博（Wb）与股票非流动比率（Asymmetric）、是否为高科技企业（High-tech）的相关系数分别为 0.040 和 0.071，且均通过 1% 水平的显著性检验，说明企业家是否发布微博与企业的信息不对称水平显著正相关。此外，Wb 与企业家性别、年龄以及学历的相关系数分别为 0.003、−0.012 和 −0.028，且后两者相关系数分别在 5% 和 1% 的显著性水平上，说明企业家微博与企业家年龄和学历负相关。另外，Wb 与公司规模（Size）、资产净利率（ROA）、流动比率（Liquidity）显著正相关，与资产负债率（Lev）、固定资产比率（Fix）、企业性质（SOE）显著负相关。从表6.3中控制变量之间的相关系数水平可以看出，所有控制变量之间的相关系数的绝对值均未超过 0.3，表明不同类型的企业之间存在一定程度但并不明显的差异，且自变量和控制变量不存在多重共线性的问题。尽管如此，上述相关系数检验并未控制其他因素的影响，需要借助多元回归进行进一步地检验和分析。

表6.3　主要变量相关系数表

变量	Wb	Asymmetric	High-tech	Male	Age	Educating	Size	Lev	ROA	Liquidity	Growth	Fix	Ownership	SOE
Wb	1													
Asymmetric	0.040***	1												
High-tech	0.071***	-0.003	1											
Gender	0.003	0.003	0.034	1										
Age	-0.012**	0.214***	-0.095***	0.124***	1									
Education	-0.028***	0.006	-0.077***	-0.08***	0.032***	1								
Size	0.086***	0.183***	-0.192***	0.049***	0.193***	-0.193***	1							
Lev	-0.043***	-0.068***	-0.214***	0.041***	0.015**	-0.021***	0.209***	1						
ROA	0.023***	-0.058***	0.154***	-0.055***	-0.071***	0.027***	-0.183***	-0.349***	1					
Liquidity	0.028***	-0.015**	0.200***	-0.041***	-0.031***	-0.007	-0.179***	-0.613***	0.182***	1				
Growth	-0.00518	-0.038***	0.058***	-0.013	-0.093***	0.016***	-0.160***	0.039***	0.126***	0.003	1			
Fix	-0.057***	-0.027***	-0.170***	0.076***	0.082***	0.043***	0.201***	0.097***	-0.162***	-0.263***	-0.093***	1		
Ownership	-0.006	-0.093***	-0.082***	0.026***	0.018***	0.046***	0.007	0.015***	0.216***	-0.047***	-0.029***	0.085***	1	
SOE	-0.098***	0.199***	0.018***	0.041***	-0.008*	0.101***	-0.243***	0.095***	0.018***	-0.017***	0.1204***	-0.059***	0.053***	1

注：*、**、***分别表示在10%、5%、1%的置信水平上显著（双尾检验）。

第三节　实证分析

一、企业家微博的影响因素分析

表6.4报告了影响企业家微博选择因素的回归结果。其中，列（1）中 Asymmetric 的回归系数为30.154，且该系数在1%水平上通过显著性检验，说明股票非流动比率越高，企业家越倾向于开通微博。假说 H6.1 得到证实，即企业信息不对称程度越高，企业家越倾向于发布微博。列（2）中 High-tech 的系数为4.487，且该系数在1%水平上通过显著性检验，说明相比于其他类型的企业，高科技企业中的企业家更乐意发布微博。假说 H6.2 得到证实。此外，表6.4的结果还表明，相对于年龄较大的企业家，年轻的企业家更乐意发布微博。这很容易理解，一方面，年轻的企业家无论是精力还是体力都相对充沛，更容易接纳新鲜事物；另一方面，何瑛和张大伟（2015）的研究指出，年轻的企业家有更好的学习和信息整合优势，更强的信息搜集和分析能力、更快的学习和反应能力、更强的适应能力等，这些特质会促使企业家更容易接受新事物（Dyreng et al. , 2010），因而更愿意发布微博。企业层面的因素也会影响企业家开通微博，如固定资产比率，该系数显著为负，说明轻资产企业更倾向于企业家发布微博。其中，有个有趣的结果是：SOE 的系数为负。虽然没有通过10%水平的显著性检验，但也说明相对于国有企业，民营企业更倾向于企业家微博。国有企业拥有天然的"隐性担保"，高管大多具有政治身份，不需通过非正式机制来建立信任。而民营企业相对信用体系薄弱，更需要通过建立企业家形象与声誉而获取社会信任。

表6.4 影响企业家微博开通的因素

Variable	(1) Wb	(2) Wb
Asymmetric	30. 154 *** (10. 54)	
High-tech		4. 487 *** (18. 89)
Male	− 0. 005 (− 0. 02)	− 0. 184 (− 0. 61)
Age	− 0. 030 ** (− 2. 58)	− 0. 039 ** (− 2. 48)
Education	0. 080 (0. 91)	0. 086 (0. 72)
Lev	− 0. 288 (− 0. 63)	− 0. 017 (− 0. 03)
ROA	0. 638 (0. 64)	− 0. 310 (− 0. 23)
Size	0. 031 (0. 47)	0. 080 (0. 90)
Growth	0. 054 (0. 55)	0. 035 (0. 26)
Liquidity	− 0. 008 (− 0. 31)	− 0. 018 (− 0. 50)
Fix	− 1. 663 *** (− 3. 65)	− 1. 832 *** (− 2. 98)
Ownership	0. 386 (0. 82)	0. 401 (0. 62)
SOE	− 0. 179 (− 0. 88)	− 0. 217 (− 0. 77)
Constant	− 12. 450 (− 8. 29)	− 17. 468 *** (− 8. 65)
Industry effect	Yes	Yes
Time effect	Yes	Yes
Obs	53 141	53 141
Waldchi2	200. 84 ***	650. 91 ***

注：使用 Probit 模型，括号内为对应的 z 值。＊、＊＊、＊＊＊分别表示在 10%、5%、1% 的置信水平上显著（双尾检验）。

二、稳健性检验

为了进一步验证本章实证结果的稳健性和可靠性，本章还进行了稳健性检验，分别对自变量进行了不同方式的替换。表6.5显示了稳健性检验的结果。在稳健性检验中，列（1）~（3）分别使用不同的指标衡量信息不对称，具体地：列（1）使用分析师跟踪人数。具体衡量方法为年度内有多少个分析师对该公司进行过跟踪分析。该指标越大，说明信息不对称程度越低。列（2）使用分析师预测分歧度。参考托马斯（Thomas，2018）等的文献，本部分用每个分析师最近一次盈余预测值的标准差来衡量。该指标越大，说明信息不对称程度越高。列（3）使用上市公司透明度。根据上市公司透明度评分A、B、C、D，依次赋值为1、2、3、4。该指标越大，说明信息不对称程度越高。检验结果均显示：企业信息不对称程度越高，企业家越会进行微博信息披露，与主检验结果保持一致。

表6.5 稳健性检验

Variable	（1）Wb	（2）Wb	（3）Wb	（4）Wb	（5）Wb
分析师关注度	-0.0016*(-1.92)				
分析师预测分歧度		0.0015*(1.73)			
透明度评分			0.0016*(1.81)		
R&D				0.059***(3.53)	
Member					0.043***(5.02)
Male	0.0001(0.03)	0.0011(0.07)	-0.0043(-0.27)	0.213(0.51)	0.308(0.83)
Age	-0.0013*(-1.81)	-0.0014*(-1.78)	-0.0012*(-1.89)	-0.038*(-1.77)	-0.041**(-2.33)

续表

Variable	(1) Wb	(2) Wb	(3) Wb	(4) Wb	(5) Wb
Education	− 0. 0092 (− 1. 03)	− 0. 0055 (− 0. 56)	0. 0053 (0. 53)	0. 164 (1. 05)	0. 237 * (1. 79)
Control variables	Yes	Yes	Yes	Yes	Yes
Constant	0. 0223 (0. 31)	− 0. 0796 (− 1. 03)	− 0. 0935 (− 0. 77)	− 26. 037 *** (− 7. 94)	− 12. 786 *** (− 4. 55)
Industry effect	Yes	Yes	Yes	Yes	Yes
Time effect	Yes	Yes	Yes	Yes	Yes
Obs	80 534	80 534	80 534	53 141	53 141
Waldchi2	0. 07	0. 07	0. 08	103. 59 ***	70. 08 ***

注: 使用 Probit 模型, 括号内为对应的 z 值。 * 、 ** 、 *** 分别表示在 10% 、5% 、1% 的置信水平上显著（双尾检验）。

列（4）和列（5）分别使用研发支出占营业收入比（R&D）和研发人员数量占比（Member）来衡量高科技企业的信息不对称程度，因为高科技企业往往具有较高的研发支出，产品或服务的创新性较强。回归结果显示，自变量定义的调整同样没有改变原有的实证结果，自变量在所有回归中的系数估计与主检验的基本结果保持一致。

第四节　本章结论

本章以 2010 ~ 2017 年 A 股上市公司中的企业家为研究对象，在第四章和第五章的实证检验基础上进一步对非正式信息传递制度的选择动因进行深入探讨。研究结果表明，企业存在严重的信息不对称水平时更倾向于利用非正式机制进行信息传递，如利用企业家微博。具体而言，高科技企业拥有较强的技术与信息壁垒，专有知识无法得到有效传递，这类企业中的企业家更乐意通过展示自己来获取信任，企业家微博正是提供了一条低成本、极便捷的舞台。本章结论解释了哪些企业更倾向于开通企业家微博，在一定程度上验证了本书的信息传递路径。在移动互联时代，社交媒体是人们交流沟通的重要媒介，也是企业信息传递的重要载体。本章结论为转型经济背景下企业家的战略决策提供重要参考，尤其为高科技企业面临的重大信息不对称问题提供了新的解决思路，提示存在信息壁垒的企业可以利用非正式信息传递机制，通过建立企业家个人信任度，增加投资者对企业的信任。

| 第七章 |

替代性解释与内生性问题

第四章至第六章从信息传递角度探讨了企业家微博的组织动因及其产生的经济后果。虽然在稳健性检验中运用了倾向评分匹配（PSM）、工具变量法等一系列方法解决内生性问题，但仍存在着其他的替代性解释。企业家发布微博并非站在企业组织目的的角度，而是个人行为，某些特质的企业家更倾向于曝光于人前，具有较强的自选择问题，如为人高调的企业家或者性格张扬的企业家更倾向于发布微博；或者企业家微博与企业家形象建立有关，并非是信息传递路径起作用，而是基于企业家形象建立或者品牌形象等视角；又或者是基于行为金融理论，市场中投资者并非是完全理性的，可能存在着"追星""个人崇拜"等心理因素的影响。基于这些问题的考虑，本章进一步排除可能的替代性解释，验证信息传递路径的真实性，保障本书结论的可靠性。

第一节　信息传递假说验证

本书的基本逻辑是企业家微博作为企业非正式信息传递机制有助于缓解企业内外部的信息不对称水平。第四章从信息传递角度验证了企业家微博有利于提升企业价值，第六章给出企业信息不对称水平越高，企业家越倾向于发布微博的结论。可见，企业组织的信息传递目的是影响企业家社交媒体呈现选择的重要因素。第四章到第六章分别进行了不同程度的稳健性检验，基本排除内生性问题。本节进一步验证信息传递路径的真伪，主要通过观察正式信息披露与企业家微博之间的互动关系，说明信息传递作用的存在。

企业信息传递并非是单一存在的，即企业会利用多信息、多媒介、多视角进行信息传递。换言之，企业的正式信息披露与非正式信息传递之间存在一定程度的互动关系。例如，在企业并购期间，企业除发布并购公告外，企业家也会接受更多的媒体采访，传递更多并购内部的信息。基于此，本书利用企业家微博的发布时间与企业重大官方信息传递时间进行分析，观察企业重大信息公布后，企业家微博发布数量是否有明显的增加。具体地，以季度财务报表发布时间和企业并购重组事项为例。

表 7.1 中 Panel A 对企业家微博中的日均微博发布数量进行了描述性统计。结果显示，企业家平均每日发布微博数量为 1.391 条，标准差为 3.895；企业家间差异较大，最大达到 61 条/天。Panel B 是以企业季度财务报告公布时间为事件研究始点，发现在企业季报公布当天，企业家平均发布 2.494 条微博，虽内容未必涉及企业经营或者财报信息，但该天微博发布量显著超过 Panel A 中的平均值，随后在季报公布后的三天、五天及十天后，企业家日均微博发布数量分别为 1.802、1.741 和 1.707，呈现逐渐递减的趋势，但均高于正常的平均水平。Panel C 是以企业并购重组的首次公告日作为事件研究始点，结果显示，在企业并购首次公告当日，企业家微博日均发布数量达到 2.521 条，显著高于正常平均水平，随后在公告日后的三天、五天和十天内日均微博发布数量分别为 1.969、1.803 和 1.746，呈现逐渐递减的趋势。从以上结果可以看出，在企业存在重大事件的窗口期内，企业家微博发布数量明显高于日常。一方面，当企业存在重大经营波动时，市场对于企业信息的需求量大幅增加，企业家微博为企业的信息披露提供了重要的补充；另一方面，通过企业家微博这种非正式信息传递机制，可以快速、有效地将信息传递给更广泛的社会公众，增加信息披露渠道，且可以传递更

加丰富的信息。由此可见，企业家微博与企业正式信息披露存在密不可分的关系，企业家微博是企业信息披露的重要补充机制，信息传递角色尤为重要。

表 7.1　　　　　　　　企业家微博与企业官方信息传递的关系

Panel A：企业家微博的描述性统计

Variable	Obs	Mean	Sd	Min	Max
日均微博发布数量	1 193	1.391	3.895	0	61

Panel B：季报公布与企业家微博发布

时间期	季报公布当日	季报公布后三日	季报公布后五日	季报公布后十日
日均微博发布数量	2.494	1.802	1.741	1.707

Panel C：企业并购重组与企业家微博发布

时间期	并购首次公告当日	并购首次公告后三日	并购首次公告后五日	并购首次公告后十日
日均微博发布数量	2.521	1.969	1.803	1.746

第二节　企业家过度自信

高层梯队理论认为，企业绩效及发展受到管理者个人特征尤其是心理认知特征的影响（Hambrick & Mason，1984）。心理学研究证明人们存在过度自信这一心理偏差，即个体容易低估风险、高估自身能力的倾向（Langer，1975；Malmendier & Tate，2008）。行为金融学将过度自信引入企业管理中，认为管理者的过度自信会导致更高的负债、更多的投资等（Hackbarth & Morellec，2008）。若企业家存在过度自信的特征，则可能会更倾向于发布微博，也容易导致企业估值过高。即某种因素既影响了企业家微博发布，又影响了企业价值，导致观察到的企业家微博与企业价值之间的相关性并不真实可靠。

企业家微博不同于企业官方微博，具有明显的个人特色。企业官方微博是企业信息传递的窗口，但企业家微博的定位与作用却没有统一的答案。企业家发布微博可能是基于两种不同的考虑：一个是出于组织目的，充当企业信息披露的补充机制，即本书的论点；另一个是出于自身性格特点，单纯只为了展示自己，与企业信息披露无关。为了排除第二种可能性，本书对企业家的个人特征进行分析。首先，本书提出企业家微博为企业非正式信息传递机制，是因为企业与企业家属于利益共同体，声誉之间相互传导，无法分割，企业家是否发布微博一定会考虑对企业的影响。其次，第六章对企业家微博选择动因的分析已经控制了企业家的基本特征，如性别、年龄以及学历。这些基本人口属性的控制可以说明，即使考虑企业家个人特征，本书的信息传递路径依然存在。最后，为了进一步剔除企业家心理因素的影响，本书对于企业家发布微博相关的行为金融理论进行分析，发现管理层的过度自信有可能引起媒体曝光的增加。例如，戈埃尔（Goel）和塔克尔（Thakor）在2008年的研究中指出，过度自信的高管更具有冒险精神，能够有效缓解投资不足问题，进而提升企业价值；余明桂等（2013）指出，管理层的过度自信会提高企业的风险承担水平，姜付秀等（2009）发现，管理层的过度自信会导致企业采取更为激进的扩张策略。由此，企业家微博很可能是过度自信的后果。基于此，本节重点探究企业家微博与管理者过度自信之间的关系。

一、研究设计

选择2010~2017年沪深两市A股上市公司的高层管理者作为研究对象，上市公司财务数据和公司治理数据来自CSMAR数据库，管理者微博账号获取与第四章相同，通过Python程序获取，部分缺失数据由手工收集整理获得。在此基础上，按照以下标准进行筛选：（1）剔除ST、*ST的公司或者经营异常的公司；（2）剔除部分数据缺失的公司；（3）为避免IPO效应，剔除上市年限不足两年的公司，最后得到18 268个观测样本。为了避免异常值的影响，对所有连续变量均进行了上下1%水平的缩尾处理。

为验证管理层过度自信是否是引起其发布微博的关键变量，构建模型（7.1）：

$$Wb_{it} = \beta_0 + \beta_1 OC_{it} + \beta_2 Controls_{it} + Industry\_dummy + Year\_dummy + \varepsilon_{it}$$

$$(7.1)$$

其中，Wb 为是否发布微博的哑变量，与第六章保持一致；OC 为企业家过度自信的衡量指标。国内外有关管理者过度自信的衡量方法有多种，国外主要采用管理者个人持有股票期权的行权状况和主流媒体对管理者的评价等指标（Malmendier & Tate，2008；Hirshleifer et al.，2012）。考虑到中国上市公司股票期权开始时间短、媒体报道存在偏差（江伟，2010）等原因，国内文献创新性地提出了符合我国研究的指标。国内相关文献的衡量方法主要有：一是利用代表管理者个人特征的指标加权作为过度自信的替代变量，如余明桂等（2013）。二是利用盈余预测偏差衡量（王山慧等，2013），但该指标存在一定程度的争议。很多学者认为我国企业的业绩预告日期与实际业绩披露日期十分接近，因而二者差异很小（饶育蕾和王建新，2010）。三是利用投资行为。过度自信的投资者容易导致过度投资现象（Malmendier & Tate，2005），因而若企业连续两年处于行业投资率前（后）20%，则可以代表高（低）过度投资程度。四是利用并购频率衡量。马尔门迪尔和塔特（Malmendier & Tate，2008）指出，并购频率可以有效反映管理者过度自信的特质，并购频率的高低可以代表过度自信的程度。五是采用国家统计局公布的宏观景气指数（包括企业景气指数和企业家信心指数等），但该指标用行业层面数据反映管理者个体特征，有效性低。六是高管薪酬的相对比例。有研究指出，CEO 相对企业内其他管理者的薪酬越高，越容易过度自信（姜付秀等，2009；易靖韬等，2015；梁上坤，2015）。综上所述，本书选取三个指标度量管理层的过度自信，分别为管理者特征、高管薪酬相对比例和投资决策。

具体地，过度自信（OC）的计算方法如下。

第一种方法为使用管理者特征衡量（OC1）。根据余明桂等（2013）的研究，利用 4 个指标进行构建，分别为：（1）性别。心理学相关研究指出，女性相比男性更为谨慎和保守（Byrnes et al.，1999），若管理者为男性则为

1，否则为 0。（2）年龄。年龄越高越倾向于规避风险，也更能正确认识自身的能力（江伟，2010），若管理者年龄小于样本平均值则为 1，否则为 0。（3）学历。教育水平更高的人更相信自己的能力和判断，因而更会表现出过度自信（Schrand & Zechman，2012）。若管理者学历在本科及以上则为 1，否则为 0。（4）两职合一。总经理同时担任董事长职务时，会增加其对自身能力的认可度，从而表现出过度自信（Schrand & Zechman，2008）。若两职合一则为 1，否则为 0。进一步构建过度自信的综合指标（OC1），等于以上四个特征值加总。取值越高，越倾向于过度自信。

第二种方法利用高管薪酬相对比例进行衡量（OC2）。参考姜付秀等（2009）的做法，用薪酬最高的前三名高管薪酬之和除以所有高管的薪酬之和来表示高管薪酬的相对比例。该指标越高，说明高管过度自信倾向越明显。

第三种方法利用投资决策衡量（OC3）。参考思兰德和西彻门（Schrand & Zechman，2008）、易靖韬等（2015）的做法，建立回归模型（7.2），被解释变量为总资产增长率，解释变量为营业收入增长率，根据模型（7.2）估计得到的残差代表（剔除残差小于 0 的样本），残差越大说明过度自信程度越高。

$$\text{Assetgrowth}_{it} = \beta_0 + \beta_1 \text{Salesgrowth}_{it} + \text{Industry\_dummy} + \text{Year\_dummy} + \varepsilon_{it}$$

$$(7.2)$$

其他控制变量与第六章基本一致，包括企业规模（Size）、资产负债率（Lev）、资产净利率（ROA）、流动比率（Liquidity）、主营业务收入增长率（Growth）、固定资产比率（Fix）、大股东持股比例（Ownership）及企业性质（SOE）。

在所有回归分析模型中，加入了年份固定效应和行业固定效应，行业分类参考证监会 2001 版行业分类标准，非制造业按照一级代码分类，制造业按照二级代码分类，并采用公司聚类进行异方差调整得到稳健的标准差估计值。具体变量定义和计算方法见表 7.2。

表 7.2   主要变量定义

变量名称	变量符号	变量定义
企业家微博	Wb	哑变量，企业家当年度发布微博条数大于 1 条时取值为 1，否则为 0
管理层过度自信	OC1	管理者特征。利用性别、年龄、学历、教育背景及两职合一四个指标值加总得到
	OC2	高管薪酬相对比例。薪酬最高的前三名高管薪酬之和除以所有高管的薪酬之和
	OC3	投资决策。利用模型（7.1）估计得到的残差
企业规模	Size	期末总资产取对数
资产负债率	Lev	总负债/总资产
资产净利率	ROA	净利润/总资产
流动比率	Liquidity	流动资产/流动负债
主营业务收入增长率	Growth	（本期主营业务收入 – 上期主营业务收入）/上期主营业务收入
固定资产比率	Fix	固定资产/总资产×100%
大股东持股比例	Ownership	第一大股东持股比例
企业性质	SOE	哑变量，国有企业取值为 1，否则为 0

二、实证结果分析

表 7.3 中的 Panel A 报告了管理者过度自信的描述性统计结果，样本观测值总计 18 268 个。列（1）全样本中过度自信的指标 OC1 均值为 2.154，标准差为 0.820，该指标的取值范围为 0、1、2、3、4，借鉴余明桂等（2013）的研究，认为 OC1 取值为 3 或者 4 则为过度自信的管理者。由此可知，样本中管理者平均而言存在着轻微的过度自信；OC2 的均值为 0.416，标准差为 0.130，该指标越接近于 1 说明过度自信的程度越明显；OC3 的均值为 0.316，标准差为 0.269，显著高于 0，说明管理者大多存在过度自信问题。列（2）在发布微博的样本中，过度自信指标的均值分别为 2.207、0.421 和 0.320，均高于全样本中对应的平均值。列（3）在未发布微博的样本中，过度自信指标的均值分别为 2.152、0.415 和 0.316。通过对发布微博

样本组与未发布微博样本组的均值 T 检验结果发现，只有 OC1 中二者均值具有显著差异，差异为 0.055，且在 5% 水平上通过显著性检验，其余 OC2 和 OC3 没有统计意义上的显著差异，一定程度上可以说明并非过度自信的管理者更倾向于发布微博。另外，对发布微博样本中过度自信管理者的比例进行分析发现，OC1 等于 3 或者等于 4 的比例为 29.01%，OC2 中高于 0.5 的比例为 42.14%，OC3 中高于行业平均值的比例为 26.10%，三者均未超过 50%，说明发布微博的样本中大多数并非为过度自信的管理者。初步可以排除管理者过度自信的影响。

表 7.3   **描述性统计与相关性检验结果**

Panel A：过度自信的描述性统计

分组	（1）全样本 （Obs = 18 268）		（2）发布微博样本 （Obs = 986）		（3）未发布微博样本 （Obs = 17 282）		（3）-（2） 均值 T 检验
变量	均值	标准差	均值	标准差	均值	标准差	
OC1	2.154	0.820	2.207	0.900	2.152	0.816	-0.055 ** （-2.00）
OC2	0.416	0.130	0.421	0.130	0.415	0.130	-0.007 （-1.60）
OC3	0.316	0.269	0.320	0.221	0.316	0.272	-0.003 （-0.36）

Panel B：因变量与自变量的相关性检验

变量	OC1	OC2	OC3
Wb	0.014 **	0.011	0.003

Panel B 报告了是否发布微博 Wb 与过度自信 OC1、OC2、OC3 之间的相关系数。结果显示，因变量 Wb 同自变量过度自信的相关系数分别为 0.014、0.011 和 0.003，仅有 OC1 的相关性系数通过 5% 水平的显著性检验，说明过度自信与是否发布微博有一定程度的正相关，但相关度不高。由于缺少控制变量，上述关系并不能够证明过度自信对微博选择的影响。其余控制变量之间的相关系数的绝对值均不超过 0.3，表明不存在严重的多重共线性问题。

表 7.4 报告了管理者过度自信对微博选择的影响结果。因变量均为是否

发布微博 Wb。列（1）自变量为 OC1，回归系数为 0.033，但没有通过 10% 水平的显著性检验；列（2）自变量为 OC2，回归系数为 0.187，没有通过 10% 水平的显著性检验；列（3）自变量为 OC3，回归系数为 0.309，同样没有通过 10% 水平的显著性检验。上述结果说明，管理者的过度自信并非会影响是否发布微博这一决策，可以排除管理者过度自信这一解释的影响。本书的主要结论十分稳健。

表 7.4　　　　　　　　　管理者过度自信与微博的检验结果

Variable	(1) Wb	(2) Wb	(3) Wb
OC1	0.033 (0.63)		
OC2		0.187 (0.61)	
OC3			0.309 (0.69)
Lev	−0.116 (−0.95)	−0.112 (−0.97)	−0.504 *** (−2.62)
ROA	0.105 (1.10)	0.095 (0.98)	0.092 (1.12)
Size	0.049 (1.31)	0.067 * (1.81)	0.007 (0.19)
Growth	0.022 (0.78)	0.027 (1.00)	0.029 (1.08)
Liquidity	−0.011 (−1.29)	−0.011 (−1.51)	−0.011 (−1.51)
Fix	−0.620 ** (−2.42)	−0.645 ** (−2.59)	−1.319 *** (−5.80)
Ownership	0.535 * (1.72)	0.556 * (1.86)	0.233 (0.82)
SOE	−0.085 (−0.82)	−0.106 (−1.05)	−0.107 (−1.15)

Variable	(1) Wb	(2) Wb	(3) Wb
Constant	-4.124^{***} (-4.36)	-3.867^{***} (-4.15)	-2.662^{***} (-3.57)
Industry effect	Yes	Yes	Yes
Time effect	Yes	Yes	Yes
Obs	18 268	18 268	18 268
Waldchi2	320.22***	301.83***	215.49***

注：使用 Probit 模型回归，所有系数估计值都使用异方差调整和公司聚类调整得到的稳健性标准误，并在括号内给出调整后的 z 值。*、**、*** 分别表示在 10%、5%、1% 的置信水平上显著（双尾检验）。

第三节　本章结论

本章重点验证企业家微博的信息传递路径，排除企业家过度自信这一替代性解释，通过不同的研究设计，保障了本书结论的稳健性，具体如下。

首先，在信息传递路径的验证方面，运用正式信息披露与非正式信息传递的互动效应，发现企业家微博与企业正式信息披露密不可分，在企业重大事件窗口期内，企业家微博的信息传递量也随之增加。企业家微博是正式信息传递机制的重要补充。

其次，在企业家个人特征的影响方面，重点关注过度自信这一心理因素的影响，利用不同的衡量方法实证检验了过度自信对微博选择的影响。结果表明，发布微博的样本中管理者存在过度自信倾向的比例不超过 50%，同时是否发布微博与管理者过度自信之间的相关系数不超过 0.2，回归模型结果也没有产生统计意义上的显著影响，由此基本排除这一替代性解释。

本章结论验证了企业家微博这一非正式信息传递机制的作用，为全书逻辑奠定了基础，保障了本书结论的真实性与可靠性。

| 第八章 |

全书总结

第一节　主要研究发现

移动互联网时代，社交媒体日渐成为信息传递的重要渠道。作为社交媒体之一的微博为企业家从幕后走向台前提供了一条低成本且极便捷的通道。不同于以主流媒体为代表的正式信息传递机制，企业家微博具有明显的"非正式"特征。基于此，本书研究企业家微博这一非正式信息传递机制产生的经济后果以及选择动因。具体地，选取 2010～2017 年 A 股全部上市公司为研究对象，采用企业家微博测度非正式信息传递，公司特征指标从 CSMAR 数据库中获取，企业家微博数据通过 Python 爬虫技术获取，其余部分缺失数据由人工收集整理补充。本书主要针对四个问题进行分析：一是非正式信息传递机制是否会影响企业价值？二是非正式信息传递机制传递了什么信息？三是非正式信息传递通过什么路径影响到企业价值？四是什么类型的企业更倾向于进行非正式信息传递？针对这四个问题，分别构建了理论模型，并进行实证检验，得到的主要结论如下。

第一，非正式信息传递机制有利于提升企业价值。在控制企业特征变量和企业家特征变量的基础上，利用倾向得分匹配方法（PSM）缓解自选择问题后，发现企业家发布微博有利于提升企业价值，不仅提升企业经营性现金流，还有助于降低企业风险。进一步对企业家微博传递的内容进行文本分析，若按照是否与公司信息相关区分为"披露式微博"与"个性化微博"，发现个性化微博比例越高越有利于提升企业价值。若按照是否传递企业家社会资本，利用微博中包含的艾特（@）人数，实证检验结果发现，包含企业家微博中艾特的人数越多，企业价值的提升越明显。若按照微博的情感语调区分为正向情感倾向和负向情感倾向，发现正向情感倾向的微博比例越高，企业价值上升越明显。此外，企业家微博对信息不对称程度越高的企业价值影响越高。综上所述，企业家微博这一非正式信息传递机制同样具有重要的信息作用，能够对企业价值产生影响。

第二，从融资角度来看非正式信息传递机制的影响。将企业融资分为债务融资与权益融资，利用企业家微博这一解释变量，发现发布微博有利于降低企业的权益融资成本，但对债务融资成本无显著影响，这与现有媒体曝光类文献的结论基本保持一致。横截面分析结果显示，在我国市场发展不均衡的情况下，发现在市场化进程较低的地区，企业家微博与权益融资成本之间的负相关程度更加显著。这一发现提示，非正式信息传递机制可能是对市场发展水平失衡的一种应对，为解决中小企业融资难问题提供了全新的思路。同时，在企业外部信息环境薄弱的情况下，企业家微博对权益融资成本的降低作用更显著。以上结果均通过稳健性检验缓解了内生性问题。这说明企业家微博作为非正式信息传递机制是对正式机制的重要补充。

第三，非正式信息传递机制的选择动因方面，本书基于信息传递理论的大框架，在控制企业特征变量和企业家特征变量后，发现企业信息不对称程度越高，企业家越倾向于发布微博，企业家微博承担了重要的组织角色。按照这一逻辑，高科技企业拥有较强的技术与信息壁垒，信息不对称程度较高，很多专有知识无法传递或者传递成本过高，企业家微博有利于建立信任度和认同感，从而有效实现企业正式信息披露无法达到的目的。实证检验结果也证明，高科技企业中的企业家更倾向于发布微博。以上结果说明企业家个人行为与企业组织之间的关系密不可分，处于一个利益共同体下。

第四，替代性解释和内生性问题方面，重点验证企业家微博的信息传递路径，排除企业家过度自信这一替代性解释。通过不同的研究设计，保障了本书结论的稳健性，具体地：首先，在信息传递路径的验证方面，运用正式信息披露与非正式信息传递的互动效应，发现企业家微博与企业正式信息披露密不可分，在正式信息披露的同时，企业家微博的信息传递量也随之增加。其次，在企业家个人特征的影响方面，第四章到第六章的研究考虑了企业家个人特征的影响，主要为显性的人口属性（性别、年龄、学历）。为进一步排除心理因素的影响，本书针对企业家过度自信这一指标进行衡量，发现发布微博的样本中管理者存在过度自信倾向的比重不超过50%，同时是否发布微博与管理者过度自信之间的相关系数较低，没有通过显著性检验，且回归模型结果也没有产生统计意义上的显著影响，由此排除行为金融学中的企业家心理因素的特殊影响。一系列的内生性检验后，本书的结论仍然稳健。

本书结论说明，非正式信息传递是一个有效机制。企业家微博并非只是单纯的个人行为，其承担着重要的组织目的，企业家的一言一行均会传导到其所在的企业。企业家发布微博后，更需要谨言慎行。

第二节　研究贡献

在自媒体快速发展、非正式信息传递机制不断出新的时代，本书丰富了非正式信息传递机制的相关研究，为企业家选择信息传递方式和渠道提供了重要的决策参考。本书的理论研究贡献主要体现在以下几个方面。

第一，本书最大的理论贡献在于将企业层面的信息披露下沉到更具体的个人层面。结合自媒体时代的信息传递渠道和内容特征，本书创新性地将信息传递机制区分为正式和非正式两类。正式信息传递机制包括传统上的官方媒体和自媒体时代具有官方特征的官方微博和网站等。除了正式信息传递机制之外的定义为非正式信息传递机制，包括微信、抖音、个人微博等。自媒体迅速发展的环境下，这一分类有利于更清晰地根据渠道和内容来对信息传递的方式进行界定，研究不同机制下信息传递的效率和作用。进一步地，该分类方式区分了企业层面的信息披露和个人层面的信息披露，企业家个人微博不同于企业官方微博（Elliott et al.，2018），现有文献主要聚焦于企业官方微博或博客（徐巍和陈冬华，2016；何贤杰等，2016），本书研究的企业家微博为企业信息披露拓展了思路，丰富了自愿性信息披露理论的研究范畴。

第二，本书以企业家微博为切入点，丰富了企业家个人行为研究的相关文献。近年来，学者们逐渐从企业层面的研究开始转向企业家个人层面的研究。关于企业家个体特征的研究主要聚焦于性别、年龄、受教育背景等显性变量（Cronqvist et al.，2012；姜付秀等，2009）以及过度自信与乐观、风险偏好等隐性特征（花贵如等，2011；Goel & Thakor，2008；Jenter & Lewellen，2015），关注企业家个人特质对企业投融资（Malmendier & Tate，2005；李焰等，2011）、信息披露（Bamber et al.，2010）、企业绩效与市场表现（Kaplan et al.，2012）等方面的影响。针对企业家行为的研究也开始被关注，其中前台化行为的研究大多局限于营销领域（Kathleenetal.，2011；黄静等，2014），涉及广告代言（Rubin et al.，1981）、慈善捐款（黄静等，2012）、公开演讲（Naidoo & Lord，2008）及媒体曝光（Veldkamp，2006；Bang，2016）等。研究方法上多基于实验或问卷调查（Parveen et al.，2015；张晓娟等，2015）。本书采用企业家前台化行为中的微博进行实证分析，数据更加公开、客观，结果的可验证性也更强。相较于其他媒介，微博具有不受时间空间限制、持续性强、成本低、主动性高等特点（何贤杰等，2016），利用社交媒体这一新的测量方法为"互联网＋"大数据环境下的企业管理提供新的思路。本书将企业家个人行为与企业财务绩效联结起来，从信息披露角度拓展企业家个人行为的研究。

第三，本书从信息传递的角度阐明了企业家个人行为与组织绩效之间的关联。本书研究结果表明，企业家微博这一非正式信息传递机制有利于提升企业价值，且相对于披露式微博，个性化微博更有利于企业价值实现，说明企业家个人信息传递具有重要作用，提示企业在考虑信息环境时要纳入企业家个人的信息传递作用，并重视其特殊的作用路径，如建立信任（Elliott et al.，2018）。同时发现，企业家微博有助于降低企业权益融资成本，并在市场化进程较低的地区、企业外部信息环境较弱的情况下更为显著，提示企业若处于正式信息相对缺失的情况下，可以借助非正式信息机制传递信息。正式机制与非正式机制的互动，是对现有文献的重要补充。本书研究提供了一个新的视角，且为新兴资本市场中制度环境下的信息传递补充了来自中国市场的经验。

第四，数字经济背景下，传统的年报披露等方式传递的信息是有限的，从而衍生出社交媒体等非正式信息披露机制。本书通过关注企业家个人社交媒体中多元化的信息特质，如文本信息内容类型、情感语调等，丰富社交媒体文本信息有用性方面的研究，避免一味重视数字信息而忽略文本信息所带来的定价偏差。

本书的实践贡献体现如下。

第一，研究结论可为高管面对新媒体环境下的信息披露选择提供增量经验。随着信息技术的快速发展，企业内外部信息环境发生重要变化，人们信息传递与采集的方式也发生转变，从传统的报刊、电视电话到互联网、搜索引擎再到移动设备、自媒体（Antweiler & Frank，2004；Dougal et al.，2012；Fang & Peress，2009；游家兴和吴静，2012），微博等社交媒体已然成为现代社会交流沟通的主要媒介。近年来，提高上市公司信息披露质量成为资本市场全面深化改革的焦点问题，高质量的信息披露是促进上市公司做优做强的重要基础。上市公司高管要会用、善用互联网时代带来的新技术、新媒介，借助社交媒体平台畅通与市场投资者之间的沟通渠道，以准确、及时、充分的信息披露推动上市公司质量提升和资本市场信息效率改善。本书通过对企业家社交媒体信息特征的刻画，为企业家是否进行社交媒体披露以及如何进行信息披露提供了重要指导。

第二，深化数字化背景下新媒体互动机制的有效性研究，有助于培育数字经济治理新格局。我国《"十四五"数字经济发展规划》指出，要加快培育新业态新模式，完善多元价值传递和贡献分配体系，有序引导多元化社交、短视频、知识分享等平台发展；同时，要完善多元共治新格局，建立完善政府、平台、公司、行业组织和社会公众多元参与、有效协同的数字经济治理新格局，畅通多元主体诉求表达、权益保障渠道，维护公平有效市场。本书聚焦的社交媒体为市场参与者提供了表达诉求的平台，尤其为个人投资者或中小股东主动参与公司管理、监督内部人决策提供了绝佳渠道。研究结论可为投资者如何利用社交媒体提高信息搜集与获取能力、参与公司治理以及优化市场资源配置提供经验参考。

第三，本书的研究对政策制定部门优化和完善市场公平与效率的信息披露制度具有一定的启示。本书对于新兴社交媒体的研究，提示监管部门应当持续完善公司信息披露的监管模式，加强对上市公司及企业家社交媒体的信息监管与政策制定，优化公司信息环境，积极利用人工智能、大数据和云计算等技术构建更加智能化的市场监管系统，从而有效实现"促进资本市场健康发展，提高上市公司质量"的目标。本书的研究对中国及类似半强式有效市场如何制定和完善高质量信息披露机制、优化市场公平与效率具有较高的适用性和启示意义。

第三节　研究不足和未来研究方向

本书基于中国的外部信息技术环境，通过企业家微博测度非正式信息传递机制，将企业层面的信息披露下沉到更具体的企业家层面，考察非正式信息传递机制带来的经济影响以及选择诱因。本书在理论上丰富了自愿性信息披露相关研究，实践上为信息化时代企业转型升级过程中的企业家行为提供决策参考。但受限于数据及研究方法等方面的问题，本书存在以下研究局限，也为未来企业信息披露和企业家个人行为方面的研究提供了一些新的研究视角和方向。

第一，非正式信息传递机制的测度方法可能存在改进空间。非正式信息传递机制包括多种形式，其中，自媒体展示是信息时代最重要的传播媒介。当下，自媒体发展迅速，除了新浪微博外，还有微信、抖音等多个自媒体平台。本书采用的企业家微博并非是唯一的非正式信息传递机制，结果可能存在一定偏差。此外，新浪微博在 2011～2012 年达到顶峰时期，现今其使用人数有所降低，逐渐被其他新兴自媒体替代，因而，后续针对其他自媒体的研究可能是验证本书结论的重要基础。抖音等新兴自媒体的兴起或许为可视化的信息披露提供了契机。

第二，本书使用的企业家微博数据来自 Python 爬虫技术，虽然经过多次试验和人工检查，仍可能存在一定的测量误差，存在遗漏部分企业家微博的可能。未来研究可以通过更详尽的数据收集和整合方法，更加系统地衡量企业家微博。此外，可以利用数据挖掘技术对企业家微博中发布的信息内容做进一步分析，本书仅从是否涉及企业官方信息、是否展示企业家社会资本以及微博内容语气三方面进行探讨，未来研究可以从多个维度深入探究企业家层面的信息披露到底传递了何种信息，比如从是否展示企业承担的社会责任（如捐赠或者参加慈善活动）、研发创新等方面进行研究。

第三，在指标的选取与衡量上，本书的衡量指标较为单一，如企业价值使用的是托宾 Q 值，信息不对称指标使用的是股票市场的非流动比率等，虽对部分指标进行了替换，但仍可以尝试更多的测度方法。在研究设计方面，构建的均是线性回归模型，控制变量选择上虽然借鉴了现有的研究，但仍存在着遗漏变量的可能。未来可以利用更细致的研究设计准确识别在某一特殊场景或情形下，非正式信息传递机制带来的经济效果。

第四，内生性问题的解决方面。实证研究中存在的内生性问题主要是由所关心的核心解释变量同回归方程中的误差项存在相关性导致的。内生性问题产生的原因主要有三类：一是变量存在测量误差；二是存在不可观测的遗漏变量，且该变量与核心解释变量有关；三是解释变量与被解释变量之间互为因果（Wooldridge，2010）。企业家微博与企业价值之间关系的研究存在天然的内生性问题，本书采用倾向得分匹配（PSM）与工具变量法（IV）等基本解决了内生性问题，但这并不能够从根本上解决内生性问题（Lennox et al.，2011）。本书第七章专门对其他替代性解释进行了验证，基本保障了文章结论的可靠性。解决内生性问题的最佳方式是通过构造随机试验以获取变量之间的因果关系，因而，未来研究可以寻找外生事件，如通过企业发生的重大事件（如并购重组）或者企业家流动（从一家公司到另一家公司任职）研究企业家个人与企业组织之间的关系。

第五，在非正式信息传递机制的重要性方面，本书仅验证了非正式信息传递机制对企业价值的影响。在非正式信息传递机制如何影响企业价值的路径探讨上，本书从融资角度给出了解释，未来可以从投资角度进行探讨。考察企业家微博是否影响企业投资效率或者是否影响投资周期，也可以将经济后果的研究拓展到资本市场中，考察非正式信息传递机制对股票定价、资本市场效率的影响等。在非正式信息传递制度的选择动因中，本书是从企业组织的角度出发，未来可以从企业家个人角度出发，探讨个人职业生涯规划或者兴趣爱好等对是否发布微博的影响。

第六，在对样本进行分析时发现，企业家微博内容存在部分删除的现象。由于无法观测到删除的微博内容，因而很有可能存在一定的测量偏差，即本书的样本已经是经过选择后的样本，那些"不合时宜"的信息内容已经被剔除。鉴于这部分样本无法观测，但可以观测到删除的记录，未来可以重点检验删除微博内容后投资者的反应，即：是否对这类信息持有负面反馈？反复删除微博是否会影响投资者对其信息真实性的评价？上述问题的回答有赖于后续研究的深入开展。

第七，企业家微博是一把"双刃剑"，企业家不适当的言行也会传导到企业自身，由企业承担"捆绑"所带来的风险。当社会公众认同企业家的个性和理念时，对企业的价值提升有正面影响；当企业家言行失当时，也会给企业带来不可避免的严重后果。随着大众心理的快速变化，始终维持高的公众认可度并非易事。此外，企业家是否存在被过度营销的可能？企业家过度的展示行为对企业价值有何影响？这可能是未来研究的方向之一。

附　录

披露式微博与个性化微博的分类方法

本书第四章对微博内容进行文本分析，将企业家微博内容按照是否与企业信息相关划分为披露式微博与个性化微博。披露式微博是指与公司日常经营管理相关的信息，如新产品推广、重要事件公告等；个性化微博是指与公司经营管理无关的信息，只涉及个人兴趣爱好、心情感悟等内容。

划分标准参考徐巍与陈冬华（2016）的做法，对企业家微博内容进行文本分析，将包含企业信息的每条微博定义为披露式微博，否则定义为个性化微博。分类标准为设置业务类（如"签约""投资"）、财务类（如"收入""业绩"）、研发类（如"研发""开发"）和声誉类（如"荣誉""喜获"）共计 102 个与企业相关的关键词，由此区分出企业家微博信息与企业是否相关联。附表为分类关键词。

附表		分类关键词		
公司	盈利	销售收入	上市	收益
股份变动	合同	奠基	投资	每股收益
所有者权益	入选	分红	创新	动工
股东权益	签署	出货量	发布	开张
损益	收购	揭牌	董事	关键技术
增资	专利	完工	新产品	收入
配股	考察	洽谈	质量	突破
融资	建成	投入使用	内部控制	研发
资本公积	费用	承建	总经理	创造
股利	签约	视察	企业	开发
重大进展	上映	市场占有率	签订	亏损
参股	销量	落成	合作	销售额
现金流	资产	斩获	宣告	喜获

续表

公司	盈利	销售收入	上市	收益
行业领先	利润	股本	莅临	中标
入股	业绩	税收	成本	进军
增发	领先	支出	市场	企业文化
承接	荣获	核心技术	公告	企业形象
被认定为	赢得	荣誉	战略	捐赠
负债	促销	揭幕	客户	销售
纳税	上线	市场份额	企业精神	研制

参考文献

［1］才国伟，邵志浩，徐信忠．企业和媒体存在合谋行为吗？——来自中国上市公司媒体报道的间接证据［J］．管理世界，2015（7）：158 –169.

［2］曹廷求，张光利．自愿性信息披露与股价崩盘风险：基于电话会议的研究［J］．经济研究，2020，55（11）：191 –207.

［3］陈道富．我国融资难融资贵的机制根源探究与应对［J］．金融研究，2015（2）：45 –52.

［4］醋卫华，李培功．媒体追捧与明星 CEO 薪酬［J］．南开管理评论，2015，18（1）：118 –129.

［5］崔学刚．公司治理机制对公司透明度的影响——来自中国上市公司的经验数据［J］．会计研究，2004（8）：72 –80.

［6］丁慧，吕长江，陈运佳．投资者信息能力：意见分歧与股价崩盘风险——来自社交媒体"上证 e 互动"的证据［J］．管理世界，2018，34（9）：161 –171.

［7］窦超，罗劲博．中小股东利用社交媒体"发声"能否改善高管薪酬契约［J］．财贸经济，2020，41（12）：85 –100.

［8］段文奇，宣晓．管理者能力是传递平台型互联网企业价值的信号吗——基于财务和非财务指标价值相关性的检验结果［J］．南开管理评论，2018，21（3）：54 –65.

［9］方红星，楚有为．自愿披露、强制披露与资本市场定价效率［J］．经济管理，2019，41（1）：156－173.

［10］方红星，戴捷敏．公司动机、审计师声誉和自愿性内部控制鉴证报告——基于 A 股公司 2008—2009 年年报的经验研究［J］．会计研究，2012（2）：87－95.

［11］方红星，金玉娜．高质量内部控制能抑制盈余管理吗？——基于自愿性内部控制鉴证报告的经验研究［J］．会计与控制评论，2011（1）：53－60.

［12］冯来强，孔祥婷，曹慧娟．董事高管责任保险与权益资本成本——来自信息质量渠道的实证研究证据［J］．会计研究，2017（11）：65－71.

［13］葛建华，冯云霞．企业家公众形象、媒体呈现与认知合法性——基于中国民营企业的探索性实证分析［J］．经济管理，2011（3）：101－107.

［14］耿新，张体勤．企业家社会资本对组织动态能力的影响——以组织宽裕为调节变量［J］．管理世界，2010（6）：109－121.

［15］何贤杰，王孝钰，孙淑伟，朱红军．网络新媒体信息披露的经济后果研究——基于股价同步性的视角［J］．管理科学学报，2018，21（6）：43－59.

［16］何贤杰，王孝钰，赵海龙，陈信元．上市公司网络新媒体信息披露研究：基于微博的实证分析［J］．财经研究，2016（3）：16－27.

［17］何瑛，张大伟．管理者特质、负债融资与企业价值［J］．会计研究，2015（8）：65－72.

［18］何玉，张天西．信息披露、信息不对称和资本成本：研究综述［J］．会计研究，2006（6）：80－86.

［19］胡军，王甄，陶莹，邹隽奇．微博、信息披露与分析师盈余预测［J］．财经研究，2016，42（5）：66－76.

［20］花贵如，刘志远，许骞．投资者情绪、管理者乐观主义与企业投资行为［J］．金融研究，2011（9）：178－191.

［21］花中东，贾子超，徐睿阳，廖明情．上市公司债务结构会影响投资效率吗？［J］．金融评论，2017，9（1）：78－93.

［22］黄宏斌，孙雅妮，陈美健．自媒体信息披露可引发监督效应吗？——基于上市公司盈余管理视角的研究［J］．中国注册会计师，2020（10）：52－62.

［23］黄静，俞钰凡，林青蓝．企业家代言人的慈善行为对消费者的作用机制研究［J］．中国工业经济，2012（2）：119－127.

［24］黄静，张晓娟，童泽林，王新刚．消费者视角下企业家前台化行为动机的扎根研究［J］．中国软科学，2013（4）：99－107.

［25］黄静，朱丽娅，周南．企业家微博信息对其形象评价的影响机制研究［J］．管理世界，2014（9）：107－119.

［26］黄俊荣，谢彪．再融资企业自愿性信息披露动机和择时决策研究［J］．会计之友，2021（12）：81－89.

［27］贾凡胜，张一林，李广众．非正式制度的有限激励作用：基于地区信任环境对高管薪酬激励影响的实证研究［J］．南开管理评论，2017，20（6）：116－128.

［28］江伟．董事长过度自信对上市公司融资偏好行为的影响［J］．经济管理，2010，32（2）：112－122.

［29］姜付秀，伊志宏，苏飞，黄磊．管理者背景特征与企业过度投资行为［J］．管理世界，2009（1）：130－139.

［30］蒋琰．权益成本、债务成本与公司治理：影响差异性研究［J］．管理世界，2009（11）：144－155.

［31］金永生，王睿，陈祥兵．企业微博营销效果和粉丝数量的短期互动模型［J］．管理科学，2011，24（4）：71－83.

［32］李慧云，刘镝．市场化进程、自愿性信息披露和权益资本成本［J］．会计研究，2016（1）：71－78.

［33］李莉，闫斌，顾春霞．知识产权保护、信息不对称与高科技企业资本结构［J］．管理世界，2014（11）：1－9.

[34] 李培功，沈艺峰．媒体的公司治理作用：中国的经验证据［J］．经济研究，2010（4）：14－27．

[35] 李善民，黄志宏，郭菁晶．资本市场定价对企业并购行为的影响研究——来自中国上市公司的证据［J］．经济研究，2020，55（7）：41－57．

[36] 李巍，代智豪，丁超．企业家社会资本影响经营绩效的机制研究——商业模式创新的视角［J］．华东经济管理，2018，32（2）：51－57．

[37] 李焰，秦义虎，张肖飞．企业产权、管理者背景特征与投资效率［J］．管理世界，2011（1）：135－144．

[38] 梁上坤．管理者过度自信、债务约束与成本粘性［J］．南开管理评论，2015，18（3）：122－131．

[39] 林乐，谢德仁．A股上市公司经理人现金薪酬与业绩真的挂钩吗？——基于CEO个体时间序列数据的研究［J］．北京工商大学学报（社会科学版），2022，37（1）：50－64．

[40] 刘艳霞，祁怀锦．融资融券、管理者自信与企业会计信息可靠性［J］．中国会计评论，2020，18（4）：601－626．

[41] 柳木华．大众传媒对会计舞弊的监督：一项经验研究［J］．证券市场导报，2010（8）：43－50．

[42] 卢文彬，官峰，张佩佩，邓玉洁．媒体曝光度、信息披露环境与权益资本成本［J］．会计研究，2014（12）：66－71．

[43] 陆瑶，胡江燕．CEO与董事间的"老乡"关系对我国上市公司风险水平的影响［J］．管理世界，2014（3）：131－138．

[44] 吕劲松．关于中小企业融资难、融资贵问题的思考［J］．金融研究，2015（11）：115－123．

[45] 罗进辉，李小荣，向元高．媒体报道与公司的超额现金持有水平［J］．管理科学学报，2018（7）：91－112．

[46] 罗进辉．媒体报道对权益成本和债务成本的影响及其差异——来自中国上市公司的经验证据［J］．投资研究，2012（9）：95－112．

［47］罗进辉．媒体报道与高管薪酬契约有效性［J］．金融研究，2018（3）：190 - 206．

［48］罗劲博，窦超．中小股东的社交媒体"发声"影响企业并购偏好吗？——基于互动易（e 互动）平台的经验证据［J］．上海财经大学学报，2022，24（4）：123 - 137．

［49］罗琦，李瀚祺，苏愉越，程斯琪．投资者情绪、公司研发投资迎合与财务信息质量［J］．科技进步与对策，2023，40（6）：101 - 109．

［50］马黎珺，伊志宏，张澈．廉价交谈还是言之有据？——分析师报告文本的信息含量研究［J］．管理世界，2019，35（7）：182 - 200．

［51］毛新述，叶康涛，张顿．上市公司权益资本成本的测度与评价——基于我国证券市场的经验检验［J］．会计研究，2012（11）：12 - 22．

［52］潘越，戴亦一，林超群．信息不透明、分析师关注与个股暴跌风险［J］．金融研究，2011（9）：138 - 151．

［53］彭华东．论企业家自媒体信息对消费者信任和购买意向的影响［J］．商业经济研究，2015（27）：61 - 63．

［54］钱锡红，杨永福，徐万里．企业网络位置、吸收能力与创新绩效——一个交互效应模型［J］．管理世界，2010（5）：118 - 129．

［55］权小锋，吴世农．投资者注意力、应计误定价与盈余操纵［J］．会计研究，2012（6）：46 - 53．

［56］饶育蕾，王建新．CEO 过度自信、董事会结构与公司业绩的实证研究［J］．管理科学，2010，23（5）：2 - 13．

［57］沈菊琴，李淑琴，孙付华．年报语调与企业财务绩效：心口如一还是心口不一？［J］．审计与经济研究，2022，37（1）：69 - 80．

［58］孙鲲鹏，王丹，肖星．互联网信息环境整治与社交媒体的公司治理作用［J］．管理世界，2020，36（7）：106 - 132．

［59］孙彤，薛爽，崔庆慧．企业家前台化影响企业价值吗？——基于新浪微博的实证证据［J］．金融研究，2021（5）：189 - 206．

［60］孙彤，薛爽．管理层自利行为与外部监督——基于信息披露的信

号博弈 [J]. 中国管理科学, 2019, 27 (2): 187 – 196.

[61] 唐建新, 程利敏, 陈冬. 资本市场开放与自愿性信息披露——基于沪港通和深港通的实验检验 [J]. 经济理论与经济管理, 2021, 41 (2): 85 – 97.

[62] 唐跃军, 吕斐适, 程新生. 大股东制衡、治理战略与信息披露——来自 2003 年中国上市公司的证据 [J]. 经济学 (季刊), 2008 (2): 647 – 664.

[63] 田高良, 封华, 于忠泊. 资本市场中媒体的公司治理角色研究 [J]. 会计研究, 2016 (6): 21 – 29.

[64] 佟岩, 冯红卿, 吕栋. 市场集中、控制权特征与内部控制鉴证报告披露 [J]. 会计研究, 2012 (6): 61 – 66.

[65] 童志锋. 信任的差序格局: 对乡村社会人际信任的一种解释——基于特殊主义与普遍主义信任的实证分析 [J]. 甘肃理论学刊, 2006 (3): 59 – 63.

[66] 汪昌云, 武佳薇. 媒体语气、投资者情绪与 IPO 定价 [J]. 金融研究, 2015 (9): 174 – 189.

[67] 汪炜, 蒋高峰. 信息披露、透明度与资本成本 [J]. 经济研究, 2004 (7): 107 – 114.

[68] 王丹, 孙鲲鹏, 高皓. 社交媒体上"用嘴投票"对管理层自愿性业绩预告的影响 [J]. 金融研究, 2020 (11): 188 – 206.

[69] 王琼瑶. 新媒体时代短视频新闻的基本特征及传播策略 [J]. 新闻世界, 2021 (2): 62 – 64.

[70] 王山慧, 王宗军, 田原. 管理者过度自信与企业技术创新投入关系研究 [J]. 科研管理, 2013, 34 (5): 1 – 9.

[71] 王小鲁, 樊纲, 余静文. 中国分省份市场化指数报告 (2016) [M]. 北京: 社会科学文献出版社, 2017.

[72] 王学东, 陈道志. 基于信息技术的企业组织变革研究 [J]. 情报科学, 2006 (1): 39 – 42.

［73］王艳艳．管理层盈余预测与权益资本成本［J］．厦门大学学报（哲学社会科学版），2013（5）：114－123．

［74］王永跃，段锦云．政治技能如何影响员工建言：关系及绩效的作用［J］．管理世界，2015（3）：102－112．

［75］王运陈，邱雨荷，贺康．创业板注册制为资本市场赋能［J］．中国金融，2020（14）：51－52．

［76］吴俊杰，戴勇．企业家社会资本、知识整合能力与技术创新绩效关系研究［J］．科技进步与对策，2013，30（11）：84－88．

［77］吴璇，田高良，司毅，于忠泊．网络舆情管理与股票流动性［J］．管理科学，2017，30（6）：51－64．

［78］夏立军，陈信元．市场化进程、国企改革策略与公司治理结构的内生决定［J］．经济研究，2007（7）：82－95．

［79］夏楸，郑建明．媒体报道、媒体公信力与融资约束［J］．中国软科学，2015（2）：155－165．

［80］谢庆红，付晓蓉，李永强，何嫱．企业家微博对企业品牌形象的影响及作用机制［J］．营销科学学报，2013（4）：101－119．

［81］徐尚昆，郑辛迎，杨汝岱．国有企业工作经历、企业家才能与企业成长［J］．中国工业经济，2020（1）：155－173．

［82］徐世伟．论信息时代的企业组织变革［J］．财经科学，2007（10）：83－89．

［83］徐巍，陈冬华．自媒体披露的信息作用——来自新浪微博的实证证据［J］．金融研究，2016（3）：157－173．

［84］许晨曦，杜勇，鹿瑶．年报语调对资本市场定价效率的影响研究［J］．中国软科学，2021（9）：182－192．

［85］许晨曦，杜勇，鹿瑶．年报语调对资本市场定价效率的影响研究［J］．中国软科学，2021（9）：182－192．

［86］杨德明，令媛媛．媒体为什么会报道上市公司丑闻？［J］．证券市场导报，2011（10）：17－23．

[87] 杨墨,董大勇,徐永安. 风险信息披露与股票流动性——基于中国 A 股上市公司年报文本分析 [J]. 系统管理学报,2022,31 (4):794 - 810.

[88] 杨兴全,张丽平,吴昊旻. 市场化进程、管理层权力与公司现金持有 [J]. 南开管理评论,2014,17 (2):34 - 45.

[89] 杨勇,束军意,陈建萍. 试析信息时代制造业企业组织结构集中化 [J]. 中国软科学,2004 (6):83 - 86.

[90] 杨玉龙,潘飞,张川. 差序格局视角下的中国企业业绩评价 [J]. 会计研究,2014 (10):66 - 73.

[91] 叶杰. 非官方媒体使用对制度自信的影响机制——以网民为分析对象的实证研究 [J]. 经济社会体制比较,2019 (1):70 - 82.

[92] 易靖韬,张修平,王化成. 企业异质性、高管过度自信与企业创新绩效 [J]. 南开管理评论,2015,18 (6):101 - 112.

[93] 易志高,潘子成,茅宁,李心丹. 策略性媒体披露与财富转移——来自公司高管减持期间的证据 [J]. 经济研究,2017,52 (4):166 - 180.

[94] 易志高,张烨. 企业自愿性信息披露行为的"同伴效应"研究——来自管理层业绩预告的实证证据 [J]. 技术经济,2022,41 (1):136 - 147.

[95] 游家兴,吴静. 沉默的螺旋:媒体情绪与资产误定价 [J]. 经济研究,2012 (7):141 - 152.

[96] 游家兴. 投资者情绪、异质性与市场非理性反应 [J]. 经济管理,2010,32 (4):138 - 146.

[97] 于博,Gary Gang Tian. 产能治理与企业债务结构再平衡——基于商业信用与银行信贷关系视角 [J]. 财经研究,2018,44 (2):29 - 43.

[98] 于忠泊,田高良,齐保垒,张皓. 媒体关注的公司治理机制——基于盈余管理视角的考察 [J]. 管理世界,2011 (9):127 - 140.

[99] 余明桂,李文贵,潘红波. 管理者过度自信与企业风险承担 [J]. 金融研究,2013 (1):149 - 163.

［100］袁放建，冯琪，韩丹．内部控制鉴证、终极控制人性质与权益资本成本——基于沪市 A 股的经验证据［J］．审计与经济研究，2013，28（4）：34 - 42．

［101］袁少锋，高英．社交媒体环境下"消费者惩罚"促进企业供给质量提升的作用机制［J］．企业经济，2021，40（11）：72 - 82．

［102］曾庆生，周波，张程，陈信元．年报语调与内部人交易："表里如一"还是"口是心非"？［J］．管理世界，2018，34（9）：143 - 160．

［103］曾颖，陆正飞．信息披露质量与股权融资成本［J］．经济研究，2006（2）：69 - 79．

［104］翟胜宝，张胜，谢露，郑洁．银行关联与企业风险——基于我国上市公司的经验证据［J］．管理世界，2014（4）：53 - 59．

［105］张倩倩，周铭山，董志勇．研发支出资本化向市场传递了公司价值吗？［J］．金融研究，2017（6）：176 - 190．

［106］张婷婷，李延喜，曾伟强．媒体关注下上市公司盈余管理行为的差异研究——一种治理盈余管理的新途径［J］．管理评论，2018（2）：25 - 41．

［107］张晓娟，王新刚，童泽林．企业家前台化行为动机感知、消费者——品牌关系距离与公司品牌评价［J］．统计与决策，2015（24）：193 - 195．

［108］章卫东，黄一松，李斯蕾，鄢翔．信息不对称、研发支出与关联股东认购定向增发股份——来自中国证券市场的经验数据［J］．会计研究，2017（1）：68 - 74．

［109］赵平．新媒体发展的商业困境和品牌构建——以企业类自媒体矩阵构建为例［J］．中国报业，2020（12）：2．

［110］郑志刚．法律外制度的公司治理角色——一个文献综述［J］．管理世界，2007（9）：136 - 147．

［111］周开国，应千伟，钟畅．媒体监督能够起到外部治理的作用吗？——来自中国上市公司违规的证据［J］．金融研究，2016（6）：193 - 206．

[112] 朱丽娅，黄静，童泽林. 企业家前台化行为对品牌的影响述评 [J]. 中国软科学, 2014（1）: 171 – 179.

[113] 朱炜，郑大庆，王文灿，周晗晖. 基于社会资本视角的微信和微博的对比研究——以高校人群为例 [J]. 情报杂志, 2014（6）: 138 – 143.

[114] Ahern K R, Sosyura D. Who writes the news? Corporate press releases during merger negotiations [J]. Journal of Finance, 2014, 69（1）: 241 – 291.

[115] Ajinkya B B, Jain P C. The behavior of daily stock market trading volume [J]. Journal of Accounting & Economics, 2006, 11（4）: 331 – 359.

[116] Allen F, Qian J, Qian M. China's financial system: Past, present, and future [J]. SSRN Electronic Journal, 2007.

[117] Anderson R C, Mansi S A, Reeb D M. Board characteristic accounting report integrity and the cost of debt [J]. Journal of Accounting and Economics, 2004, 37（3）: 315 – 342.

[118] Angrist J D, Pischke J S. Mostly harmless econometrics: An empiricist's companion [M]. Princeton University Press, 2008.

[119] Antweiler W, Frank M Z. Is all that talk just noise? The information content of internet stock message Boards [J]. Journal of Finance, 2004, 59（3）: 1259 – 1294.

[120] Augusta C, Deangelis M D. Does accounting conservatism discipline qualitative disclosure? Evidence from tone management in the MD&A [J]. Contemporary Accounting Research, 2020, 37（4）: 2287 – 2318.

[121] Baker M, Wurgler J. Investor sentimentin the stock market [J]. Journal of Economic Perspectives, 2007, 21（2）: 129 – 151.

[122] Ball R, Robin A, Wu J S. Incentives versus standards: properties of accounting income in four East Asian countries [J]. Journal of Accounting and Economics, 2003, 36（1）: 235 – 270.

[123] Bamber L S, Jiang J, Wang I Y. What's my style? The Influence of

top managers on voluntary corporate financial disclosures [J]. American Accounting Association, 2010, 85 (4): 1131 –1162.

[124] Bang D N. Is more news good news? Media coverage of CEOs, firm value, and rent extraction [J]. SSRN: Working Paper, 2016.

[125] Bartjargal B, Liu M. Entrepreneurs' assess to private equity in China: The role of social capital [J]. Organization Science, 2004, 15 (2): 159 –172.

[126] Bernile G, Bhagwat V, Rau P R. What doesn't kill you will only make you more risk-loving: Early-life disasters and CEO behavior [J]. Journal of Finance, 2014, 72: 167 –206.

[127] Beyer A, Cohen D A, Lys T Z, Walther B R. The financial reporting environment: Review of the recent literature [J]. Journal of Accounting and Economics, 2010, 50 (2): 296 –343.

[128] Bharath S T, Sunder J, Sunder S V. Accounting quality and debt contracting [J]. Accounting Review, 2008, 83 (1): 1 –28.

[129] Bhattacharya S, Chiesa G. Proprietary information, financial inter mediation, and research incentives [J]. Journal of Financial Intermediation, 1995, 4 (4): 328 –357.

[130] Blankespoor E, Miller G S, White H D. The role of dissemination in market liquidity: Evidence from firms' use of Twitter [J]. The Accounting Review, 2014, 89 (1): 79 –112.

[131] Bollen J, Mao H N, Zeng X J. Twitter mood predicts the stock market [J]. Journal of Computational Science, 2011, 2 (1): 1 –8.

[132] Burt R S. Structural holes: The social structure of competition [M]. Harvard University Press, 1992.

[133] Byrnes J P, Miller D C, Schafer W D. Gender differences in risk taking: A meta-analysis [J]. Psychological Bulletin, 1999, 125 (3): 367 –383.

[134] Cade N L. Corporate social media: How two – way disclosure channels influence investors [J]. Accounting Organizations and Society, 2018, 68 –69.

[135] Caliendo M, Kopeinig S. Some practical guidance for the implementation of propensity score matching [J]. Journal of Economic Surveys, 2008, 22 (1): 31 – 72.

[136] Castelfranchi C, Falcone R, Marzo F. Being trusted in a social network: Trust as relational capital [J]. Trust Management, 2006, 3986: 19 – 32.

[137] Chatterji A K, Toffel M W. The new CEO activists [J]. Harvard Business Review, 2018, 96 (1): 78 – 89.

[138] Chen J, Geyer W, Dugan C, Mulle M, Guy I. Make new friends, but keep the old: Recommending people on social networking sites [J]. Sigchi Conference on Human Factors in Computing Systems, 2009 (2): 201 – 210.

[139] Chen S P, Chen X, Cheng Q. Do family firms provide more or less voluntary disclosure? [J]. Journal of Accounting Research, 2008, 46 (3): 499 – 536.

[140] Chen S P, DeFond M L, Park C W. Voluntary disclosure of balance sheet information in quarterly earnings announcements [J]. Journal of Accounting and Economics, 2002, 33 (2): 229 – 251.

[141] Chen S P, Sun Z, Tang S, Wu D. Government intervention and investment efficiency: Evidence from China [J]. Journal of Corporate Finance, 2011, 17 (2): 259 – 271.

[142] Cheng Q, Lo K. Insider trading and voluntary disclosures [J]. Journal of Accounting Research, 2006, 44 (5): 815 – 848.

[143] Chow W S, Chan L S. Social Network, Social trust and shared goals in organizational knowledge sharing [J]. Information and Management, 2008, 45 (7): 458 – 465.

[144] Coleman J S. Social capital in the creation of human capital [J]. American Journal of Sociology, 1988, 94: 95 – 120.

[145] Core J E, Guay W, Larcker D F. The power of the pen and executive compensation [J]. Journal of Financial Economics, 2008, 88 (1): 1 – 25.

[146] Cravens K, Oliver E G, Ramamoorti S. The reputation index: Measuring and managing corporate reputation [J]. European Management Journal, 2003, 21 (2): 201 –212.

[147] Cronqvist H, Makhija A K, Yonker S E. Behavioral consistency in corporate finance: CEO personal and corporate leverage [J]. Journal of Financial Economics, 2012, 103 (1): 20 –40.

[148] DeLong B, Shleifer A, Summers L, Waldmann R J. Positive feed back investment strategies and destabilizing rational speculation [J]. Journal of Finance, 1990, 45 (2): 379 –395.

[149] Diamond D W, Verrecchia R E. Disclosure, liquidity, and the cost of capital [J]. Journal of Finance, 1991, 46 (4): 1325 –1359.

[150] Dong J P, Bruce K B. The presentation of CEOs in the press, 1990 – 2000: Increasing salience, positive valence, and a focus on competency and personal dimensions of image [J]. Journal of Public Relations Research, 2004, 16 (1): 93 –125.

[151] Dougal C, Engelberg J, García D, Parsons C A. Journalists and the stock market [J]. Review of Financial Studies, 2012, 25 (3): 639 –679.

[152] Dyck A, Volchkova N, Zingales L. The corporate governance role of the media: Evidence from Russia [J]. Journal of Finance, 2008, 63 (3): 1093 –1135.

[153] Dye R A. An evaluation of "essays on disclosure" and the disclosure literature in accounting [J]. Journal of Accounting and Economics, 2001, 32 (1 –3): 181 –235.

[154] Dyreng S D, Hanlon M, Maydew E L. The effects of executives on corporate tax avoidance [J]. Accounting Review, 2010, 85 (4): 1163 –1189.

[155] Easley D, O'Hara M. Information and the Cost of Capital [J]. Journal of Finance, 2004, 59 (4): 1553 –1583.

[156] Easton P D, Monahan S J. An evaluation of accounting-based meas-

ures of expected returns [J]. Accounting Review, 2005, 80 (2): 501 –538.

[157] Elliott W B, Grant S M, Hodge F D. Negative news and investor trust: The role of $Firm and #CEO Twitter Use [J]. Journal of Accounting Research, 2018, 56 (5): 1 –31.

[158] Ertimur Y, Ferri F, Muslu V. Shareholder activism and CEO pay [J]. Review of Financial Studies, 2011, 24 (2): 535 –592.

[159] Fan J, Wong T J. Corporate ownership structure and the informativeness of accounting earnings in East Asia [J]. 2002, 33 (3): 425.

[160] Fanelli A, Misangyi V F. Bringing out charisma: CEO charisma and external stakeholders [J]. Academy of Management Review, 2006, 31 (4): 1049 –1061.

[161] Fang L, Peress J. Media Coverage and the cross-section of stock returns [J]. Journal of Finance, 2009, 64 (5): 2023 –2052.

[162] Fischer E, Reuber A R. Social interaction via new social media: (How) Can interactions on Twitter affect effectual thinking and behavior? [J]. Journal of Business Venturing, 2011, 26 (1): 1 –18.

[163] Frankel R, Li X. Characteristics of a firm's information environment and the information asymmetry between insiders and outsiders [J]. Journal of Accounting & Economics, 2004, 37 (2): 229 –259.

[164] Freiden J B. Advertising spokesperson effects: An examination of endorser type and gender on two audiences [J]. Journal of Advertising Research, 1984, 24 (5): 33 –41.

[165] Gaines-Ross L. CEO reputation: A key factor in shareholder value [J]. Corporate Reputation Review, 2000, 3 (4): 366 –370.

[166] Gentzkow M, Shapiro J M. Media bias and reputation [J]. Journal of Political Economy, 2006, 114 (2): 280 –316.

[167] Gilson S C, Healy P M, Noe C F, et al. Analyst specialization and conglomerate stock breakups [J]. Journal of Accounting Research, 2001, 39

(3): 565 – 582.

[168] Girginova K. Social CEOs: Twitter as a constitutive form of communication [M]. Thesis of Georgetown University, 2013.

[169] Goel A M, Thakor A V. Overconfidence, CEO selection, and corporate governance [J]. Journal of Finance, 2008, 63 (6): 2737 – 2784.

[170] Goffman E. The presentation of self in everyday life [M]. Anchor Books, 1959.

[171] Granovetter M S. Economic action and social structure: The problem of embeddedness [J]. American Journal of Sociology, 1985, 91 (3): 481 – 510.

[172] Granovetter M S. The Impact of Social Structure on Economic Outcomes the impact of social structure on economic outcomes [J]. Journal of Economic Perspectives, 2005, 19 (1): 33 – 50.

[173] Granovetter M S. The Strength of Weak Ties [J]. American Journal of Sociology, 1973, 78 (6): 1360 – 1380.

[174] Grant S M, Hodge F D, Sinha R K. How disclosure medium affects investor reactions to CEO bragging, modesty, and humblebragging – Science Direct [J]. Accounting, Organizations and Society, 2018, 68 – 69: 118 – 134.

[175] Guiso L, Sapienza P, Zingales L. The role of social capital in financial eevelopment [J]. American Economic Review, 2004, 94 (3): 526 – 556.

[176] Gurun U, Butler A. Don't believe the hype: Local media slant, local advertising, and firm value [J]. Journal of Finance, 2012, 67 (2): 561 – 598.

[177] Hackbarth D, Morellec E. Stock returns in mergers and acquisitions [J]. Social Science Electronic Publishing, 2008, 63 (3): 1213 – 1252.

[178] Hambrick D C, Mason P A. Upper echelons: The organization as a reflection of its top managers [J]. Social Science Electronic Publishing, 1984, 9 (2): 193 – 206.

[179] Hamilton J T, Zeckhauser R. Media coverage of CEOs: Who? What? Where? When? Why? [J]. SSRN: Working Paper, 2004.

[180] He X, Wong T J, Young D. Challenges for implementation of fair value accounting in emerging markets: Evidence from IFRS adoption in China [J]. Contemporary Accounting Research, 2012, 29: 538 –562.

[181] Heitzman S, Wasley C, Zimmerman J. The joint effects of materiality thresholds and voluntary disclosure incentives on firms' disclosure decisions [J]. Journal of Accounting & Economics, 2010, 49 (1 –2): 109 –132.

[182] Hermalin B, Weisbach M. Information disclosure and corporate governance [J]. Journal of Finance, 2012, 67 (1): 195 –234.

[183] Hirshleifer D, Subrahmanyam A, Titman S. Security analysis and trading patterns when some investors receive information before others [J]. Journal of Finance, 2012, 49 (5): 1665 –1698.

[184] Hirshleifer D, Teoh S H. Limited attention, information disclosure, and financial reporting [J]. Journal of Accounting and Economics, 2003, 36 (1): 337 –386.

[185] Ho S S, Wong K S. A study of the relationship between corporate governance structures and the extent of voluntary disclosure [J]. Journal of International Accounting, Auditing and Taxation, 2001, 10 (2): 139 –156.

[186] Hogan B. The presentation of self in the age of social media: Distinguishing performances and exhibitions online [J]. Bulletin of Science Technology & Society, 2010, 30 (6): 377 –386.

[187] Hong H, Stein J C. Disagreement and the stock market [J]. Journal of Economic Perspectives, 2007, 21 (2): 109 –128.

[188] Huang J, Kisgen D J. Gender and corporate finance: Are male executives overconfident relative to temale executives? [J]. Social Science Electronic Publishing, 2013, 108 (3): 822 –839.

[189] Hunt S D, Morgan R M. The resource-advantage theory of competi-

tion: Dynamics, path dependencies, and evolutionary dimensions [J]. Journal of Marketing, 1996, 60 (4): 107 – 114.

[190] Jarillo J C. On strategic networks [J]. Strategic Management Journal, 1988, 9 (1): 31 – 41.

[191] Jenders M, Kasneci G, Naumann F. Analyzing and predicting viral tweets [C]. Proceedings of the 22nd international conference on World Wide Web companion, ACM Press, 2013: 657 – 664.

[192] Jensen M C, Meckling W H. Theory of the firm: Managerial [J]. Journal of Financial Economics, 1976, (3): 305 – 360.

[193] Jenter D, Lewellen K. CEO preferences and acquisitions [J]. Journal of Finance, 2015, 70 (6): 2813 – 2852.

[194] Jo H, Kim Y. Disclosure frequency and earnings management [J]. Journal of Financial Economics, 2007, 84 (2): 561 – 590.

[195] Joe J R, Louis H, Robinson D. Managers' and investors' responses to media exposure of board ineffectiveness [J]. Journal of Financial and Quantitative Analysis, 2009, 44 (3): 579 – 605.

[196] Jung M J, Naughton J P, Tahoun A, Wang C. Do firms strategically disseminate? Evidence from corporate use of social media [J]. The Accounting Review, 2018, 93 (4): 225 – 252.

[197] Jurgens M, Berthon P, Edelman L, Pitt L. Social media revolutions: The Influence of secondary stakeholders [J]. Business Horizons, 2016, 59 (2): 129 – 136.

[198] Kaplan S N, Klebanov M M, Sorensen M. Which CEO characteristics and abilities matter? [J]. Journal of Finance, 2012, 67 (3): 973 – 1007.

[199] Karamanou I, Vafeas N. The association between corporate boards, audit committees, and management earnings forecasts: An empirical analysis [J]. Journal of Accounting Research, 2010, 43 (3): 453 – 486.

[200] Kathleen S H, Christopher J M, Gregory J M, Jennette S, Christo-

pher T, Shanon J W. Corporate posts and tweets: Brand control in Web 2. 0 [J]. Journal of Information & Knowledge Management, 2011, 10 (1): 51 –58.

[201] Kilgour M, Sasser S L, Larke R. The social media transformation process: Curating content into strategy [J]. Corporate Communications: An International Journal, 2015, 20 (3): 326 –343.

[202] Kor Y Y. Direct and interaction effects of top management team and board compositions on R&D investment strategy [J]. Strategic Management Journal, 2006, 27 (11): 1081 –1099.

[203] Kothari S P, Li X, Short J E. The effect of disclosures by management, analysts, and business press on cost of capital, return volatility, and analyst forecasts: A study using content analysis [J]. Social Science Electronic Publishing, 2008, 84 (5): 1639 –1670.

[204] Kravet T, Muslu V. Textual risk disclosures and investors' risk perceptions [J]. Review of Accounting Studies, 2013, 18 (4): 1088 –1122.

[205] Langer E J. The illusion of control [J]. Journal of Personality & Social Psychology, 1975, 32 (2): 311 –328.

[206] Lennox C S, Francis J R, Wang Z. Selection models in accounting research [J]. The Accounting Review, 2011, 87 (2): 589 –616.

[207] Malmendier U, Tate G. CEO Overconfidence and corporate investment [J]. The Journal of Finance, 2005, 60 (6): 2661 –2700.

[208] Malmendier U, Tate G. Who makes acquisitions? CEO overconfidence and the market's reaction [J]. Journal of Financial Economics, 2008, 89 (1): 20 –43.

[209] Miller G S, Skinner D J. The evolving disclosure landscape: How changes in technology, the media, and capital markets are affecting disclosure [J]. Journal of Accounting Research, 2015, 53 (2): 221 –239.

[210] Miller G S. The Press as a watchdog for accounting fraud [J]. Journal of Accounting Research, 2006, 44 (5): 1001 –1033.

[211] Miller, Edward M. Risk uncertainty and divergence of opinion [J]. Journal of Finance, 1977, 32 (4): 1151 –1168.

[212] Milne J C, Lambert P D, Schenk S, et al. Small molecule activators of SIRT1 as therapeutics for the treatment of type 2 diabetes [J]. Nature, 2007, 450 (7170): 712 –716.

[213] Minutti-meza M. Does auditor industry specialization improve audit quality? [J]. Journal of Accounting Research, 2013, 51 (4): 779 –817.

[214] Nahapiet J, Ghoshal S. Social capital, intellectual capital, and the organizational advantage [J]. Knowledge & Social Capital, 1998, 23 (2): 242 –266.

[215] Naidoo L J, Lord R G. Speech imagery and perceptions of charisma: The mediating role of positive affect [J]. The Leadership Quarterly, 2008, 19 (3), 283 –296.

[216] Nguyen B D. Is more news good news? Media coverage of CEOs, firm value, and rent extraction [J]. Quarterly Journal of Finance, 2015, 5 (4): 1 – 38.

[217] Obschonka M, Fisch C, Boyd R. Using digital footprints in entrepreneurship research: A twitter-based personality analysis of superstar entrepreneurs and managers [J]. Journal of Business Venturing Insights, 2017, 8: 13 –23.

[218] Oliver A L, Liebeskind J P. Three levels of networking for sourcing intellectual capital in biotechnology-implications for studying inter-organizational networks [J]. International Studies of Management and Organization, 1998, 27 (4): 76 –103.

[219] Park S H, Luo Y. Guanxi and organizational dynamics: Organizational networking in Chinese firms [J]. Strategic Management Journal, 2001, 22 (5): 455 –477.

[220] Parveen F, Jaafar N I, Ainin S. Social media usage and organizational performance: Reflections of Malaysian Social Media Managers [J]. Telematics

and Informatics, 2015, 32: 67 – 78.

[221] Peng M W, Luo Y. Managerial ties and firm performance in a transition economy: The nature of a micro-macro link [J]. Academy of Management Journal, 2000, 43 (3): 486 – 501.

[222] Rajagopalan N, Datta D K. CEO characteristics: Does industry matter? [J]. Academy of Management Journal, 1996, 39 (1): 197 – 215.

[223] Rishika R. The effect of customers' social media participation on customer visit frequency and profitability: An empirical investigation [J]. Information System Research, 2013, 24 (1): 108 – 127.

[224] Romer D H, Frankel J A. Does trade cause growth? [J]. American Economic Review, 1999, 89 (3): 379 – 399.

[225] Rubin V, Mager C, Friedman H H. Company president versus spokesperson in television commercials [J]. Journal of Advertising Research, 1981, 22 (4), 31 – 33.

[226] Schopohl L, Urquhart A, Zhang H. Female CFOs, leverage and the moderating role of board diversity and CEO power [J]. Journal of Corporate Finance, 2021, 71: 1 – 26.

[227] Schrand C M, Zechman S L C. Executive overconfidence and the slippery slope to financial misreporting [J]. Journal of Accounting & Economics, 2012, 52 (1): 311 – 329.

[228] Shiller R J. The life-cycle personal accounts proposal for social security: An evaluation [J]. Cowles Foundation Discussion Papers, 2005, 28 (4): 1504.

[229] Shirky C. Here comes everybody the power of organizing without organizations [J]. Harvard Business Review, 2008.

[230] Shroff N, Sun A X, White H D, et al. Voluntary disclosure and information asymmetry: Evidence from the 2005 securities offering reform [J]. Journal of Accounting Research, 2013, 51 (5): 1299 – 1345.

［231］ Solomon D H. Selective publicity and stock prices ［J］. Journal of Finance, 2012, 67 (2): 599 – 638.

［232］ Sonnier G P, McAlister L, Rutz O J. A dynamic model of the effect of online communications on firm sales ［J］. Marketing Science, 2011, 30 (4): 702 – 716.

［233］ Spry A, Pappu R, Cornwell T B. Celebrity endorsement, brand credibility and brand equity ［J］. European Journal of Marketing, 2011, 45 (6): 882 – 909.

［234］ Starr J A, Macmillan I C. Resource cooptation Via social contracting: Resource acquisition strategies for new ventures ［J］. Strategic Management Journal, 1990, 11 (1): 79 – 92.

［235］ Tetlock P C. Giving content to investor sentiment: The role of media in the stock market ［J］. Journal of Finance, 2007, 62 (3): 1139 – 1168.

［236］ Toombs L A, Harlow R M. More than just "Like": An entrepreneurial approach to creating a social media ethos in small firms ［J］. Academy of Marketing Studies Journal, 2014, 18 (2): 275 – 286.

［237］ Tsai W, Ghoshal S. Social capital and value creation: The role of intrafirm networks ［J］. Academy of Management Journal, 1998, 41 (4): 464 – 476.

［238］ Uyar A, Boyar E, Kuzey C. Does social media enhance firm value? Evidence from turkish firms using three social media metrics ［J］. Electronic Journal of Information Systems Evaluation, 2018, 21 (2): 131 – 142.

［239］ Uyar A, Kilic M. Value relevance of voluntary disclosure: Evidence from turkish firms ［J］. Journal of Intellectual Capital, 2012, 13 (3): 363 – 376.

［240］ Veldkamp L. Media frenzies in markets for financial information ［J］. American Economic Review, 2006, 96 (3): 577 – 601.

［241］ Verrecchia R E. Essays on disclosure ［J］. Journal of Accounting and

Economics, 2001, 32 (1): 97 –180.

[242] Waldman D, Ramirez G G, House R J, Puranam P. CEO leadership and organizational performance: The moderating effect of environmental uncertainty [J]. Academy of Management Journal, 2001, 44 (2): 134 –143.

[243] Williams D. On and off thenet: scales for social capital in an online era [J]. Journal of Computer Mediated Communication, 2006, 11 (2): 593 – 628.

[244] Wooldridge J M. Econometric analysis of cross section and panel data [M]. MIT Press, 2010.

[245] Young C, Tsai L. The sensitivity of compensation to social capital: family CEOs vs. nonfamily CEOs in the family business groups [J]. Journal of Business Research, 2008, 61 (4): 363 –374.

[246] Zavyalova A, Pfarrer M D, Reger R K, Shapiro D L. Managing the message: The effects of firm actions and industry spillovers on media coverage following wrongdoing [J]. Academy of Management Journal, 2012, 55 (5): 1079 – 1101.

[247] Zhang J. Voluntary information disclosure on social media [J]. Decision Support Systems, 2015, 73: 28 –36.

[248] Zott C, Huy Q N. How entrepreneurs use symbolic management to acquire resources [J]. Administrative Science Quarterly, 2007, 52 (1): 70 – 105.

致　谢

2015 年我有幸考入上海财经大学，开始了博士生涯的学习。这本专著凝结了我在博士学习中的思考与探索。在著作付梓之际，想要感谢的人很多！最先感谢我的恩师薛爽教授，带领我塑造严谨的科学思维，培养浓厚的学术兴趣，奠定扎实的研究基础。在学术造诣上，薛老师绝对不愧为一名卓越的科研工作者，她做事认真负责，尤其是薛老师清晰的思路和严谨的态度，每每让我叹服！每一次指导、交流，薛老师都会认真仔细地指出我研究过程中存在的问题，并且耐心地讲解，让我在一次次地修改中不断学习、进步。不仅如此，薛老师还是一位具有强大魅力的人生导师，交谈中总是温柔细心，充分尊重学生，及时在生活上给予关心与帮助，可谓亦师亦友。今后的道路上，要以薛老师为榜样，脚踏实地地做好每一项工作，始终保持一颗虔诚的心对待学术研究，争取成为一名优秀的教师，为学生传道授业解惑。

感谢上海财经大学会计学院的李增泉教授、靳庆鲁教授、何贤杰教授、朱凯教授、潘飞教授、黄俊教授、唐松教授、侯青川教授等，他们为我传授的专业知识与学术思维为本书的撰写奠定了基础；也感谢在我博士开题和答辩过程中提出宝贵意见的专家们，对书稿质量的提升有很大帮助。

感谢浙江万里学院商学院的各位领导与同仁，他们包括孟祥霞教授、孙琪教授、李浩教授、唐丰收副教授、黄文军副教授，以及财务与会计系的各位同事。感谢他们对我工作的认可与支持！特别感谢孟祥霞教授对书稿出版社的选择提供的宝贵建议。

感谢一路以来帮助过我的朋友们！他们有我的硕士生导师、指导过我的老师们、帮助过我的同学和朋友们以及我的同门师兄弟们。是你们在平时的交流中不断帮助我完善改进研究思路与研究设计，帮助我更快地成长！

感谢我的家人，是你们的鼓励与支持促我奋进，是你们的包容与爱护使我安心！是你们为我撑起了一片天，让我可以在梦想的道路上持续追求。

本书是浙江省自然科学基金（项目编号：LQ22G020001）、教育部人文社会科学研究青年基金项目（项目编号：21YJC630121）、浙江省高校重大人文社科攻关计划项目（项目编号：2023QN113）以及浙江万里学院学术著作出版资助项目的阶段性成果，在此一并感谢。

孙　彤
2023 年 2 月